生态 个人IP 模式

刘晨 ◎ 著

用美丽价值 缔造传奇品牌

中华工商联合出版社

图书在版编目(CIP)数据

个人IP生态模式：用美丽价值缔造传奇品牌 / 刘晨著. — 北京：中华工商联合出版社，2022.6

ISBN 978-7-5158-3402-3

Ⅰ.①个… Ⅱ.①刘… Ⅲ.①网络营销 Ⅳ.①F713.365.2

中国版本图书馆CIP数据核字（2022）第063288号

个人IP生态模式：用美丽价值缔造传奇品牌

作　　者：刘　晨
出 品 人：李　梁
责任编辑：于建廷　效慧辉
装帧设计：胡志远
责任审读：李　征
责任印制：迈致红
出版发行：中华工商联合出版社有限责任公司
印　　刷：香河县宏润印刷有限公司
版　　次：2022年6月第1版
印　　次：2022年6月第1次印刷
开　　本：710mm×1000mm　1/16
字　　数：200千字
印　　张：13.5
书　　号：ISBN 978-7-5158-3402-3
定　　价：58.00元

服务热线：010—58301130—0（前台）

销售热线：010—58302977（网店部）
　　　　　010—58302166（门店部）
　　　　　010—58302837（馆配部、新媒体部）
　　　　　010—58302813（团购部）

地址邮编：北京市西城区西环广场A座
　　　　　19—20层，100044

http://www.chgslcbs.cn

投稿热线：010—58302907（总编室）

投稿邮箱：1621239583@qq.com

工商联版图书

版权所有　侵权必究

凡本社图书出现印装质量问题，请与印务部联系。

联系电话：010—58302915

自序

大家好，非常感谢大家能在百忙之中阅读本书。我2006年开始聚焦服务高端美丽产业，为企业打造品牌包装、品项包装、运营落地，以及会议营销、直播等，多年来亲历美丽产业一线，打造成功数百个全国头部企业品牌及头部个人品牌。

美丽消费行业是一个让人充满美好想象的行业，更是一个越来越好的行业，在这个行业想要做好，既要有理性的规划和数据分析，更要懂消费者，从感性的方面做引导。2006年，我们开始为很多优秀女企业家打造她们的个人品牌，并通过个人品牌带动企业发展。

如今，是个人品牌崛起的时代，无数小微企业通过个人品牌迅速获得流量和业绩，也有无数励志的女性企业家和个人通过勤奋努力，在社会上获得了越来越多的认可。而我本人，也是一名自我要求极高的女性，更是众多努力拼搏的女性中的一员。我写作本书的初衷，是希望能带给大家一些启发，愿正在从事美丽消费行业的你，能够越来越好，加油！

刘晨

2022年5月1日于上海

前言

美丽是个人IP生态建设的基点

据国际美容整形外科学会（ISAPS）统计数据显示："2013—2019年，全球医美市场规模保持稳定增长，从910亿美元增长至1460亿美元，保守估计2019—2023年年均复合增长率约为7.2%，到2023年将进一步增长至1930亿美元。"

前瞻产业研究院数据显示："包括护肤、彩妆、香水和个人护理在内的美妆市场销售总额从2015年的4110亿元增长到2020年的8620亿元，2015—2020年的复合增长率达到16%。到2022年，仅中国美妆行业市场规模就将达到5000亿元，2020年中国大陆珠宝行业市场规模达到6154亿元"。

这些庞大数据的背后，是"颜值经济"的兴起。以美妆、医美、珠宝行业为代表的颜值经济产业市场正在不断扩大，展现出了颜值经济增长的潜力。

而颜值经济增长的背后是人们对美丽的追求。在中国居民人均可支配收入稳定的情况下，人们在追求美丽方面也越来越舍得花钱。

有人说这是"悦己"的时代，人们"为悦己者容"的思想观念才铸就了颜值经济。其实不然，因为颜值经济带来的价值不仅体现在各大与颜值有关的企业中，还体现在IP的打造上。

IP带来的价值不言而喻，小到普通百姓，大到世界级企业家，都在打造IP，有的成功了、有的失败了，关键在于是否掌握了打造IP的精髓。

人都希望自己长得美丽或帅气，而打造个人IP也是如此，长得越是漂亮或帅气的人，其打造IP成功的阻力就越小。但成功打造个人IP，颜值只是条件之一，更为关键的是一套隐藏在颜值背后的美丽价值体系。

在这套美丽价值体系中，颜值只是其中一小部分，此外它还包括人的形象、品味、身材、习惯等其他外在形象和观点、逻辑、能量、格局、气场等内在形象。

一旦某个人成功掌握了一整套美丽价值体系，那么他（她）打造IP的成功率将大大提高。而个人IP打造成功，就能间接推动企业IP的构成。

那么如何围绕美丽价值体系来打造IP呢？本书将对此展开详细介绍。

本书以"为什么需要美丽价值体系"展开叙述，介绍了什么是个人IP生态模式、用个人IP推动企业发展、个人IP成功的原因、个人IP的传播意义、美丽价值体系在构建企业IP中的重要性、如何打造深入内心的活动IP等方法案例一应俱全，让读者读完后从IP小白变成打造IP的高手。

目录

第1章
为什么需要美丽价值体系

1.1 颜值即正义吗？/ 2

1.2 美丽价值的源点——她经济 / 5

1.3 美丽产业消费背后的底层逻辑 / 10

1.4 自发的美丽观念VS自觉的美丽观念 / 13

1.5 美丽价值体系与IP的打造与传播 / 16

1.6 品牌可以贵，但要有价值去支撑 / 21

第2章
个人IP生态模式是什么

2.1 个人IP生态模式就是企业的终极防火墙 / 32

2.2 超级个人IP的五个属性 / 40

2.3 个人IP发展的五种模型 / 44

2.4 超级IP需要有核心关键词的支撑 / 48

2.5 董明珠：依靠IP三小时卖出3.1个亿 / 52

2.6 于文红：从平凡姑娘到艺术面雕女王的IP之路 / 56

2.7 彭心：一杯奶茶成就一家上市企业 / 58

第3章
用个人IP推动企业发展

3.1 现代企业家如何能和明星一样红？ / 62

3.2 一人一媒体，一人一公司 / 65

3.3 在互联网时代个人IP的五个重要性 / 68

3.4 打造个人IP的过程就是老板用用户思维重新梳理企业的过程 / 71

3.5 企业IP的成功从个人IP开始 / 76

第4章
个人IP的成功在于美丽价值的觉醒

4.1 个人IP的核心本质就是个人价值的外在呈现 / 84

4.2 个人IP的定位要与自己匹配 / 87

4.3 外在美丽印象：形象、审美、容貌、体态、习惯 / 92

4.4 内在美丽印象：观点、逻辑、能量、格局、气场 / 96

4.5 深度美丽印象：参加活动、媒体报道、跨出圈层、社交圈子、公域认知 / 100

4.6 成功的IP都是演说家 / 103

4.7 提升：让IP更美一点儿，再美一点儿 / 107

4.8 知行合一，聚焦IP，才能击穿 / 111

第5章
个人IP的传播就是个人观点的传播

  5.1 找到最适合自己的IP角色 / 116

  5.2 在不同的渠道做不同的观点分享 / 118

  5.3 个人观点传播是最有效的认知路径 / 122

  5.4 口碑力，一声好引爆个人IP / 125

  5.5 用讲故事的方式讲出你的观点 / 128

  5.6 "一句话"获得百万曝光量 / 132

  5.7 自动力：你的关系链就是最原始的传播链 / 135

  5.8 不同平台明确分工，做最适合的传播方式 / 138

第6章
美丽价值体系是构建企业IP的顶层战略

  6.1 客户需求：根据4CS价值观找到目标受众需求 / 148

  6.2 品牌理念：塑造企业品牌核心价值 / 153

  6.3 产品设计：给客户一个清晰明确的购买理由 / 156

  6.4 人才资源：团队越强企业IP越亮 / 160

  6.5 组织架构：为企业减负，为IP增效 / 164

  6.6 品项价值：护城河越深企业IP越大 / 168

  6.7 文化观念：企业价值观源于创始人理念 / 171

第7章
如何打造深入人心的活动IP

7.1 极致的活动体验从邀约开始 / 178

7.2 活动IP越聚焦，客户越忠诚 / 183

7.3 高质内容解决活动持续消费力问题 / 186

7.4 活动要满足客户多维度体验感 / 190

7.5 打造最走心的活动，赢得最持久的消费 / 193

7.6 活动要与企业文化紧密联合 / 196

7.7 关键细节决定活动最终效果 / 199

附录：个人介绍 / 204

第1章
为什么需要美丽价值体系

对美的追求，是人类亘古不变的话题。人类追寻美丽的事物，所以，美丽的人或事总能得到更多的关注。但什么是美丽？是长得好看吗？是，也不是！外表的好看只是美丽的一部分，它还需要"内在的美丽"。一旦有人内外兼具，他就能成为"闪闪发光"的人，也就是我们今天所说的IP。为什么这么说？因为我们关注IP，其实也是在关注IP所体现出来的"美丽属性"，包括好看的颜值、曼妙的身材、优雅的谈吐、独到的观点、高雅的品位……所以，美丽价值体系成为IP打造的核心点。

1.1 颜值即正义吗?

也许有人一看到这个标题就会立马提出反对意见:"颜值并不代表一切,以貌取人,用相貌为评判标准更是大错特错,这是'三观不正'的典型代表。"

当然,如果单从字面上来理解这句话是极为错误的。其实此处的"颜值"并不单单指传统意义上的"颜值",即长相美丽或帅气。其实"颜值"并不单单指容貌,还包括人的气质、谈吐、打扮、眼神……它包括很多内容。我们可以从"美丽信息学"这个概念去理解"颜值"这个词。

美丽是可以向别人传递信号的,这叫作美丽信息学。广义的美丽包含:服饰、发型、妆容、皮肤、身材、包、珠宝、气质、体态、举手投足、礼节,在很大程度上甚至与"颜值"无关。

追求"美丽"的人越来越多、标准也越来越高,不仅在日常生活中会通过读书来提升自己的涵养,通过美妆、锻炼来提升自己的"美丽值",更会参加各种相关的课程来提升自己,比如"珠宝品鉴"的课程,"社交礼节"的课程,力图让自己能成为一个"高美丽值"的人。

这类人群为什么会这么做?其实是因为他们意识到"美丽"能为他们带来极高的价值。

第1章　为什么需要美丽价值体系

什么是美丽价值论？就是为"美"这种不确定的事提供确定的标准。美是不确定性因素，美，千人千面，见仁见智，是心里感性层面的描述；但是美的标准，是基于时代不断地变化；什么样的标准，指引着美的变化？是美的目的和功能，每一个朝代的美，都跟这个时代的文化、价值、历史、经济等元素相关，中华历史上下五千年，那些百花齐放、争奇斗艳的文化艺术都是中国人对"美"的诠释。

龙飞凤舞的远古图腾，神秘的青铜饕餮；理性之美的先秦建筑，气势古拙的楚辞汉赋；潇洒飘逸的魏晋风度，包容多元的盛唐之音；追求意境的宋元山水，世俗真实的明清文艺；中华之美，不仅是一种欣赏，还是一种文化，一种时代的注脚和倒影。凝练粗犷的造型是美，因为展现了汉代特有的力量与气势。唐诗宋词是美，因为承载了令人感同身受的意绪。宋元水墨画中的留白是美，因为表达了中国人对含蓄的追求。寥寥几笔的水墨画，传达的是独属中国人的浪漫气韵。

克乃夫·贝尔提出"美是有意味的形式"，审美趣味和审美理想，并非由美丽本身决定，而是一个时代的历史、文化、经济、政治、人文等众多因素的显化。美，是沉淀、是生命力，是感性与理性、形式与内容、规律性与目的性的统一。李泽厚先生在《美的历程》书中曾说，美的历程指向未来。美是一种生命，它不仅仅是一种客观存在，更是对人类文明的敬仰。

通过研究美的目的和美的价值，反向为当代人的美丽提供指引和标准；我要知道自己为什么美，才能知道自己怎么变美；当你了解美丽的底层逻辑，美丽价值论就能让你的美丽变得更有价值。

美丽价值的具体体现形式

我们知道,"变美"可以改善自己在外界的负面形象,从而获得更好的资源回报,除此外,它的价值还有哪些具体体现形式呢?我们接着往下看:

第一,对外证明自己的专业形象。在日常生活或工作中,我们的穿着打扮、言谈举止,其实就证明自己是一个什么样的人。比如在大部分的情况下出入高级酒会的人,不会是拖鞋背心短裤的打扮;比如作为一个律师,他在沟通表述时,绝对是非常严谨且专业的,并不会口无遮拦、毫无逻辑;又比如一个人身为导师,但是穿的随意邋遢,说话吊儿郎当,就很难在第一时间获得学生及家长的尊重。

第二,成为引导女性成长的阶梯。"美丽价值论"的对立面是"美丽价格论"。美丽价值论,应成为引导女性成长的阶梯,而不是物化女性的方法。以往,很多社会对"美丽"的评价是物化的、表象的、狭隘的,现在应该是更趋于彰显女性整体价值,内外在的、文化性的、社会贡献性的。当女性真正地认识"美丽价值论",就能得到全面的提升,而不仅仅是"外貌的提升"。

第三,可应用于各种场景。其主要包含以下几个场景:

(1)打造传奇品牌:给机构做品牌定位、品项包装。

(2)塑造个人IP:创始人提炼、打造价值观相同的理念观点,并吸引价值观匹配的客户。

(3)构建审美体系:为机构梳理自己的美学核心标准,引领客户消费习惯,梳理并规范品项专业。

（4）制定觉醒课程：为终端客户明确自我定位，了解正确的变美价值，做提升，提高美丽变现。

（5）升级消费场景：满足客户隐性需求，打造活动IP、会销、大客户服务升级、客户分层运营管理。

1.2 美丽价值的源点——她经济

她经济是教育部2007年8月公布的171个汉语新词之一，是随着女性经济以及社会地位的提高，围绕着女性理财、消费而形成的特有经济圈以及经济现象。因为女性消费极大地推动了经济的发展，所以被称为"她经济"。

随着"她经济"的出现，越来越多的企业、商家、个人把目光聚集到这个领域，围绕女性需求提供各种各样的产品和服务，大到以女性美妆为主的各个企业，小到抖音上的个人IP账号，都在"她经济"上获得了极大的商机。

比如聚美优品，虽然它现在因为运营不佳开始落寞，却不能否认当初它就是抓住了"她经济"的商机，成功在已被淘宝、京东等其他电商巨头垄断的电商市场中闯出了一片天。聚美优品是一家以销售化妆品为主的时尚购物网站，由陈欧、戴雨森、刘辉于2010年3月31日在北京联合创立。

该创始人陈欧一直都想进入电商领域，但面对电商市场已经饱和的情况下，一直都找不到合适的切入点，直到有一天他发现了"她经济"。在"她经济"中，女性在美妆方面的需求比重是极大的，但是当时市面上并没有专门为"美妆"服务的电商企业。淘宝的特点是全品类，美妆产品的覆盖还不够广泛和深入；京东则主打电子产品，在美妆方面更是弱项。陈欧发现了这一细分市场，从而成功抓住了进入电商领域的机会，建立了以美妆为主的聚美优品，并迅速成为美妆电商的第一企业。

"她经济"的商机不仅体现在大企业上，也体现在个人上。比如如今已成为直播带货第一人的"李佳琦"，他是涂口红世界纪录保持者，坐拥抖音4400万粉丝，五个半小时的淘宝直播能销售2300单，完成353万成交量，2020年"双11"完成32.04亿的销售额。他的迅速崛起也是因为找到了"她经济"的服务需求点。

李佳琦爆火之路的开始就是因为他在2018年9月，成功挑战"30秒涂口红最多人数"的吉尼斯世界纪录，成为涂口红的世界纪录保持者，自此被称为"口红一哥"。

李佳琦之所以要选择口红作为切入点，其实就是因为女性的需求，女性对"口红"都有着天然的热爱与推崇。玛丽莲·梦露曾说过："口红就像时装，它使女人成为真正的女人"；伊丽莎白·泰勒："女人拥有的第一件化妆品，应该是口红！"由此可见，女性对口红的需求有多高。为此，有不少女性在购买口红时踩了不少雷，浪费了不少钱。

李佳琦发现了这个痛点，于是开始对市面上的口红进行调查、测试，并把自己的评价在直播时展现出来，同时还会亲自涂口红试色，让女性客户可以准确判断口红的颜色以及好坏。就是因为成功抓住了女性口红消费的痛点，李佳琦才有了今天的成功。

拥有追求"美丽"的能力是"她经济"出现的原因

我们可以发现她经济之所以会出现，其实就是因为女性对美丽的追求，她们追求美妆产品使自己变得更加漂亮，追求服饰鞋包使自己变得更加时尚，追求各种产品使自己的生活变得更有品质。其实女性对美丽的追求早已经存在，但却未成为一种经济现象，这是为何？很简单，因为女性虽然对"美"有追求，但三个原因限制了她们为"美"去行动、去消费。

第一，意识不独立。在现代社会还未充分发展之前，女性只是作为一种家庭的"附庸品"而存在，她们的人生追求更多的是"嫁人生子""相夫教子"，对自身的需求关注很少。所以她们常常忽略自身对"美丽"的需求，即使知道自己有相关方面的需求，也会因为各种原因而打消行动，比如认为追求美丽是一种浪费时间、浪费金钱的行为。

第二，经济不独立。其实在古代，针对女性需求的服务就已经出现，比如绣楼、胭脂水粉店、首饰铺，但这些服务的对象是富贵人家的女性，而"有钱人"毕竟只占少数，多数人都是平民或是贫民，无法为自己对美丽的追求提供成本。而作为平民或贫民家庭的女性因为家庭收入基本来自男性，更没有自由支配金钱去满足自己喜好的权利。

反之，2007年，"她经济"之所以被明确为一种"经济现象"，就是因为女性已经认识到自己存在的价值不仅仅是为"家庭"，更为了自己，爱别人的同时更要爱自己；女性的社会地位得到提高，越来越多的女性加入了职场，有了自己的经济来源，经济独立后，自然会去满足自己的需求。

"她经济"的消费观成就"美丽价值论"

"她经济"时代的消费观主要体现在两个方面：

第一，注重颜值，具体表现为：

（1）重视自身颜值：热爱研究护肤品、美妆、美拍、微整等，拍摄美化行业的用户数量基本稳定在4亿左右，美拍美颜已成为刚需。

（2）重视产品颜值：从产品、店铺环境，都会对消费决策产生极大影响；

（3）热衷场景颜值：可街拍、宜发社交群体打卡的网红场景受到青睐；

（4）愿为颜值买单：愿意为能提升颜值的服务付费，比如皮肤管理、医疗美容等。由此才催生网红经济直播带货，高颜值+高人气=高收入，李佳琦"双11"直播 三分钟销售额600万元。

第二，注重附加值，具体表现为：

（1）能否被关注：从崇拜明星，变成"我就是明星"。晒图、炫图、朋友圈、抖音、快手、直播……热衷分享自己的生活，想要有粉丝，极度渴望被人关注。

（2）能否学习提升：更注重自我价值、能力的提升、能否结识人脉、能否增加眼界。

（3）能否心情好：疏解情绪、打发寂寞的需求。

（4）价值观是否匹配：看得上你，才会买你的东西，不爱听太多专业的话术，所以卖产品、卖项目，不如输送价值观。

也就是说，她们在追求美丽时不仅注重"外表"，更注重"内在"。因此，她们追求的"美丽产品"越来越多，"她经济"覆盖的范围也就越来越广。

不过虽然女性意识到了"美丽"包含了更多内涵，但却只是一个模糊的概念。对美的欲望人人都有，但能清晰认可到其价值，呈现出正确的美学，并将美丽创造出价值的人很少，更遑论形成一个清楚明确的定义以及系统。而我同样作为一个对"美丽"有高追求的女性，深入研究相关"她经济"及"女性需求"领域多年，同时结合自己多年的相关行业经验，建立了一套理论，即"美丽价值论"，并形成了一整套相关体系，让对此有追求的客户能在最短时间实现对"美的追求"。

"她经济"不只是"她"

每个人都有追求"美丽"的权利，这个权利不分男女。女性追求美丽的容貌、漂亮时尚的服饰、得体的举止、优雅的谈吐、明确的认知，男性也是如此，他们对"美丽"同样有追求，他们也追求俊朗帅气的外表、优雅得体的言行举止、丰富的知识储备，而有了需求自然就会产生行动，从而产生"经济现象"。比如现在的男性也开始加入了"美妆"的行列，成为化妆品消费的一个新兴群体；又比如他们也开始注意服饰的美观度、时尚感，成为服饰行业的消费主力之一；他们也希望自己是一个谈吐有度、幽默健谈的人，所以他们也去参加各种各样的社交礼仪课、口才训练班。

所以，不管是"她经济"还是"他经济"，都是因为人们对美的追求，对美的清楚认识，并有能力去实现，才产生的一种经济现象。

1.3 美丽产业消费背后的底层逻辑

什么是美丽价值论？如果从商业角度我们可以这么理解：它是指一切跟美丽消费相关的产业，如医美、彩妆、服装、箱包、饰品、美容、奢侈品等，这些行业因为顾客对美丽的追求而获得各种经济效益。

"所有的生意都值得重做一遍"，这是消费行业的底层逻辑。而在投资界同样有名的雷军也非常认可这个观点，且更认为"这些重做一遍的行业都值得投资"，于是让他的公司小米集团在2020年5月投资了一家名为"ACC超级饰"的饰品品牌。与雷军一起投资的还包括了兰馨亚洲和顺为资本，此轮投资额达到了1亿美元。

除了ACC超级饰，多家饰品品牌也获得众多投资者的青睐。比如UJewelry优集在2017年先后获得上海利宝华辰投资中心的Pre-A+轮投资和来自大众点评创始人张涛的A轮融资；Vingt Ans，2017年10月获得彬复资本的数千万元A轮融资；BA饰物2018年8月完成股权融资，金额未披露，投资方为壹叁资本……

为什么投资机构这么看好饰品品牌店？

第一，市场空间大。艾媒咨询数据显示，目前国内市场规模有 2000 亿，每年以 20% 以上的速度增长，是 Z 时代客户的穿搭必备，2020 年 Z 时代消费人群在饰品消费的占比达到 56%，年复购率达到 3 次。

饰品行业庞大的市场以及快速的增长力，归根结底还是源于客户对"美丽"的追求，在他们看来，饰品是提升自己"美丽值"必不可少的一部分，所以消费饰品自然也成为他们日常消费的一种。

第二，定位的改变。其实饰品早就存在，比如各种老凤祥、金六福、潘多拉、施华洛世奇等等。但是这类品牌的价格并不低，面向的大多数是中高端客户。还有宝格丽、卡地亚这些珠宝饰品品牌，更是只面对具有高消费能力的客户，目标客户群的定位直接决定了市场的规模。这些新兴饰品店，面对的客户大多数是年轻人，甚至是学生，他们普遍对"美丽"有需求，但是大部分缺乏高消费能力，因此如 ACC 超级饰等品牌的平价路线充分满足了这类客户的需求，而平价的市场也决定了一个庞大的市场规模。

第三，审美的提升。早前，提到饰品店就会想到"哎呀呀"这类品牌，但是这类品牌早已不符合当代客户的审美，此外这类品牌店的饰品样式也极少，而集合店的特点是商品体量大，各种品类的饰品皆有，同时还有各种各样的风格，充分满足不同客户的个性化审美需求。此外，新饰品的款式更新极快，如 BA 饰物局以每月 15% 的速度更新 SKU，洋葱仓库每周上新 500 款，充分满足了新时代客户的"审美新鲜感"。

"美丽消费观"是美丽消费行业的底层逻辑

从饰品行业的蓬勃发展，我们可以充分明确一点，顾客背后的逻辑。

即：客户消费的动机与其本身的身份、年龄、职业、收入的关系不是很大，而与"顾客的美丽价值观"有关，即顾客变美背后给自己带来的价值多少，决定着顾客变美的消费和驱动力的大小。顾客认为一个产品能让自己变得更美，能提高自己的自信心，或是改变他人对自己的印象，她们就会为了这件产品去消费。

比如一个人穿着非常普通，但手上戴着一支劳力士的手表，认识这个品牌的人都明白这个人并不是普通的"打工族"，而是低调有品位的老板。因为戴劳力士既能从细节装点自己的外表，又能让别人认可自己的身份，那么这个人在经济允许的情况下就会继续购买劳力士。

用独特的美丽价值观打造美丽产业品牌

饰品行业的品牌有很多，做成功的不少，快速消逝的也不少。那为什么这些品牌会消逝？而不能如香奈儿、施华洛世奇一样打造成百年品牌？

其实还是品牌定位的问题。做品牌定位的重心其实不在于目标客户群的年龄身份，而是要找到某一类对美丽有独特价值观的人群。如此，品牌才能打造出超前、对客户有持续吸引力的价值，这样打造出来的品牌也才能真正具备核心竞争力，能经得住市场的大浪淘沙。

比如香奈儿，虽然香奈儿的目标客户群是高消费女性，这类高消费女性不仅有充裕的资金，她们更不乏超高的社会地位，企业高管、世家名媛、皇家贵族。这些有身份有地位的女性为什么认可香奈儿，是因为香奈儿只服务高消费人群吗？当然不是，是因为香奈儿有独特的美丽价值观定位。

香奈儿的品牌理念是："香奈儿是一种风格，一种历久弥新的风格。"

是的，任何人都想要自己的风格，而不是模仿。只有形成自己的风格，才能拥有历久弥新的美丽。此外，香奈儿的品牌符号设计也向客户传达了一个独特的美丽价值观理念。Chanel 品牌标识由双向 C 组成，取自创始人 Coco Chanel 的首字母。双向 C 的品牌标识表达出 Chanel 追求的完美，塑造全球女性由内而外的双向美。

这些独特的美丽价值观理念才是这些有身份有地位有经济能力女性会消费香奈儿的原因，很多普通消费阶层的客户也会因为喜欢这个品牌故事而产生购买，而不只是因为它把目标客户群定位为高端人群。需要注意的是，独特的美丽价值观也是香奈儿能成为一种文化，从而流传百年的原因，而且将会继续流传下来。

1.4 自发的美丽观念VS自觉的美丽观念

人天生就是一种爱美的动物，为了追求美丽，人们可以付出各种各样的行动。不过，关于什么是美丽，不同人群有着不同的观念。有些人认为只要"五官漂亮，身材姣好"就是美丽，有些人则认为"外貌不重要，有内涵才是真美丽"，其实两种观念都没有错，只是都过于片面。

其实，对于"什么是美丽，美丽能产生什么价值"的观念有很多，我仔细研究了人们对美丽的不同观点,把美丽分为两种:一是自发的美丽观念,二是自觉的美丽观念(见表1-1)。

表1-1 自发的美丽观念与自觉的美丽观念对比

自发的美丽观念	自觉的美丽观念
让老公更爱自己	取悦自己/犒赏自己,让自己变得更自信,提升自己价值
女人容貌是换取另一半的认可	彰显自己生活品质的符号,是事业的加分,是孩子面前的自信,是家族的榜样
女性生过孩子后就是妇女了,更应该朴素省钱回归生活,特别是老年人,打扮得花里胡哨多不正经	女性哪怕做了奶奶,都要爱自己,生活才刚刚开始,任何时候经营自己都不算晚
女性可以打扮,男人不应该打扮,否则就是娘娘腔	越来越多男性进入美容、整形的大军
我做好自己企业投资管理就行,我的身份就是企业家,稳重,不用往前冲,网红很低端	先树大旗,越是企业带头人,越要注重自己公众形象的打造,包括外在、演说、思想观点的表达,越是老板,越要把思想和观点传播出去
我有钱,用一身名牌来体现自己的身份,什么最贵、最流行穿什么	美丽的核心是恰到好处,符合不同的年龄、职业、场合、身份
崇尚自然美,我的脸是爸妈给的,打死不能动	崇尚高科技变美方法,很多16岁孩子就已经通过科学技术改变外貌了,甚至还有80多岁的老人
我不是明星也不是模特,我就是个普通人,不用学那些礼仪、舞蹈、模特课程	越来越多的人意识到社交场合和才艺,以及自我气质提升的重要性,所以很多人都去学演讲、形象礼仪、贵族礼仪、模特表演、舞蹈等
更多停留在外在层面的美丽,以及追求西方的美学和生活方式	内外兼修,特别在传统国学、东方文化等方面的提升
不管家里家外都要化好妆、穿好看名贵的服装,认为这是脸面	在得体的情况下,追求舒适自由的妆容和服饰

对美丽的不同认知，决定了人们的不同行为。但是通过对比，我们可以明显看到，自觉的美丽观念更符合现代女性或者现代人的需求，也是当下大多数人在执行的"美丽行动"。

什么是自发的美丽观念

自发是指由本性决定的观念，我们看 1-1 表中归类到自发的美丽观念的一些特点，就可以发现大多数是出于人的本性，是在外界影响下而产生的美丽观念。

什么是自觉的美丽观念

自觉是指由认知决定的，出于学习新的事物、新的思想，而觉醒出来的对美丽追求。比如："女性哪怕做了奶奶，都要爱自己，生活才刚刚开始，任何时候经营自己都不算晚"这个自觉的美丽观念。现代越来越多的女性，无论年龄大小，都开始注重外表，为了自己认为的"美丽标准"而付出行动。比如年近 80 岁的辰辰奶奶，她不仅是抖音红人，更是国风圈年龄最大的意见领袖，更是在 2020 年国风大典上压轴登场成为全场焦点。辰辰奶奶每天的生活就是"化美美的妆，穿美美的汉服走秀"。

如果是在传统的观念下，老人的生活不是含饴弄孙吗？化妆、穿汉服、走秀都是年轻人干的事，80 岁老人怎么还做这种事。但是接受了新观念的辰辰奶奶并不如此，她认为女性在任何年龄都可以为自己喜欢的事物而付出行动，她喜欢汉服，喜欢汉服带给自己的古风美，喜欢走秀带给自己的自信美。所以，她成为自觉的美丽观念的"受益者"。

1.5 美丽价值体系与IP的打造与传播

　　IP，是 Intellectual Property 的缩写，原意为"知识产权"。IP 最早是作为娱乐产业的一种变现和延续生命的商业模式，比如迪士尼、漫威宇宙、海贼王、柯南等。IP 的概念进入中国后，与音乐、小说、动漫、影视、综艺、游戏、旅游等泛娱乐产业充分融合，得到了进一步的发展，被赋予更广阔的想象空间。比如《盗墓笔记》《鬼吹灯》等小说，西安、重庆、洛阳等旅游城市都进行了充分的 IP 化。

　　随着 IP 在中国的进一步发展，IP 的概念被应用到了企业品牌以及个人上，比如小米、华为等公司也在逐步实现企业品牌 IP 化；比如罗振宇、李子柒、沈丹等个人 IP 的打造。正如《超级 IP》的作者吴声所说："影视、游戏、动漫的泛娱乐表达，进而扩展为新商业模式的进阶与组成要素，乃至成为不同行业基于互联网的连接方法，IP 以独特的中国速度成长。"

　　越来越多的企业和个人开始进行 IP 打造，影响这些企业、个人打造 IP 的原因就是因为 IP 本身所具有的正面意义。

IP 对个人的正面影响

　　IP 对个人的作用，其主要表现在以下几点：

（1）提高自身价值。如果你成功打造了个人IP，同一个岗位，企业可以给你高于其他员工30%以上的薪资来邀请你，或给予你重要岗位。因为企业看重你成为IP后所具有的资源以及行业内口碑。

（2）更低的信任成本。如果你正在和他人进行交易或者合作，那么拥有个人IP的你就可以有效地减少说服成本，对方会因为你的IP影响力而相信你。就像"李叫兽"，为什么百度能高额全资收购他的公司，并邀请他担任公司副总裁，就是因为信任他的IP。

（3）更多的合作机会。有个人IP的你可以因为IP所拥有的知名度，让更多人所熟知，其中包括许多潜在合作方。比如papi酱，她本来只是一个短视频吐槽博主，成为IP后，不仅被众多粉丝所熟知，也被众多资本所熟知，2016年3月获得了罗永浩以及真格基金的投资。

(4)更低的流量成本。如今是互联网时代，也是一个"流量为王"的时代，但是随着互联网的发展，流量获取的成本越来越高，但是成为IP，则可以让流量主动找到你，无需花费任何成本。比如李子柒，她通过短视频成为最火的美食制作IP后，不仅开了淘宝店售卖各种美食，更建立了公司和工厂，打造了李子柒螺蛳粉品牌。而这些都无需李子柒花成本去获取。客户们一听到是和李子柒相关就会自动找上门。

（5）更多的人生可能性。成为IP后，你的圈子、眼界都会随着知名度的提高而变宽，如果一个行业无法继续发展，那就可以依靠影响力换一个方向发展。比如罗永浩，通过各种演讲成为IP，拥有了越来越多的资源，后创立了锤子科技，之后公司破产负债几亿。如果是一般人早就被这负债给压垮了，但是拥有IP影响力的罗永浩又换了一个赛道"直播带货"，并在两年期间就还掉了几亿负债。

IP对企业的正面影响

IP对企业的影响具体体现在以下几点：

（1）助力企业破圈。原先企业的影响力只局限于行业内以及目标客户圈，但企业打造IP后，可以通过IP的影响力实现破圈，让更多圈子的人认识到自己。就比如三只松鼠，如果不打造IP，那它就是一个单纯的零食品牌，也只有原先就吃坚果等零食的人知道它。但是它打造IP后，其他不吃坚果等零食的客户也知道了这家企业，一旦日后有坚果零食的需求，就会将其作为自己购买的第一选择。

（2）缩短认知路径。一家企业，尤其是创业型企业想要打开知名度，需要付出极高的营销成本。但是成为IP后，就可以缩短认知路径。比如三只松鼠，它成为IP后，制作了《三只松鼠》动漫，该动漫在各大电视台轮番播出，不仅不需要支付广告费，还可以授权给文具、服装、游戏等行业，获取版权费，甚至可以成为零食店、餐厅、酒店等主题业态，迅速打开知名度的同时，还有大笔的营业收入。

（3）增加客户黏性。企业一旦成为IP，就有了IP的通常属性，拥有极高的粉丝忠诚度。做企业、做品牌，最怕的是什么，就是客户的流失。客户是最"喜新厌旧"的群体，一旦出现其他同类企业品牌，就会为了新鲜感或是更多的优惠、更低的价格而转移消费目标。但是客户一旦成为企业IP的粉丝，那么就拥有了如粉丝对偶像明星一样的忠诚度，不会轻易转移目标。这一点，小米做得尤其好，小米的成功与它进行IP打造，并进行粉丝运营有着极大的关系。

（4）吸引同频客户。IP成立的核心是"价值观"，它的价值观可以帮助企业吸引同频的客户。2021年9月，卡地亚官宣国际著名演员巩俐担任全球高级珠宝大使。此次的合作可以说是水到渠成。因为在早前巩俐就是卡地亚的忠实客户，她几乎只佩戴卡地亚的珠宝出席重要场合。作为著名演员，她可以选择很多品牌的珠宝，但她却钟爱卡地亚，对此，她曾公开表示，之所以选择卡地亚是因为："卡地亚自创立以来就时刻追求着突破自我，这种品牌理念和她的思想一致，从来就不必刻意标新立异，真正的珠宝从来都不会惧怕来自岁月的磨炼。"

（5）增加品牌溢价。IP客户是通过增加品牌溢价，从满足客户的显性需求到满足客户的隐性需求，使品牌的价值得到进一步的提升。比如同样是同一生产标准的包包，为什么不选择更便宜的，而选择更贵的爱马仕？因为爱马仕不仅满足了客户的显性需求，更满足了客户的隐性需求，客户愿意为自己的隐性需求买单。

（6）避免被人淘汰。如今的商业环境，如果没有核心用户、没有流量是很难获得成功的，即使成功的企业也会被淘汰。而IP的打造则能帮助个人或企业避开这种情况。

打造IP需要"美丽价值体系"做支撑

通过上文我们了解了IP对个人和企业的具体意义，但不是每个IP都能做到。它需要掌握许多理论、方法、技巧，而最为核心的就看你在打造IP时是否有"美丽价值体系"做支撑。

为什么说做IP要有"美丽价值体系"做支撑呢？因为IP打造最终需要个人和企业去变现，有变现就意味着要找到买单的群体，以往大部分人都会用用户画像来形容自己的客户群体：比如年龄、职业、消费习惯、性别、区域等，但通过研究发现，客户买单的核心逻辑并不仅仅是画像，对美丽事业来说，客户背后买单的底层逻辑是美丽价值。既然客户买单的底层逻辑是"美丽价值"，那么想要客户买单就要先找到客户的美丽价值观。

客户的美丽价值观可分为以下七类：

第一类：成功者，具备极强的配带感，选择的品牌都是所知、能力所及范围内最好的，他们并不在意品牌logo的彰显，更在意品质与整体的服务，以及品牌故事与他们的阶层是否匹配，比如意大利顶级奢侈品Stefano Ricci。

第二类：犒赏者，希望购买品牌达到奖励自己的目的，他的核心诉求是"自我实现"。比如实现了一个阶段的目标，换辆车或是买个包包，这样的客户在财富方面有独立支配权，消费选择上会选择好品牌中性价比最高的那一类。

第三类：炫耀者，渴望别人瞩目并尊重他们的地位，通常会通过使用具备明显logo标识的产品，向别人证明自己的财力和阶层，比如双G双C大logo的奢侈品。

第四类：探索者，最注重"个性体验"的一类人，希望通过带有明显品牌符号的商品，来证明自我的标签和价值，他们通常会选择一些小众但又特别的品牌。

第五类：顺从者，缺乏主见，容易被影响；跟随大流，跟随身边意见领袖，来进行自我消费决策。

第六类：惧怕失去型，这类人通常很怕失去，怕失去事业、家庭、爱情等，他们通常有很强的危机意识，因为曾经靠美丽换来了很多资源，这些人也很容易走进只靠颜值去改变命运，而忽视内在成长的误区。

第七类：改变命运者，希望通过美丽的改变达到提升自己，改变命运的目的，比如通过美容、化妆、服饰打扮、社交礼仪等来全面提升自己的"美丽值"，从而获得更多的发展机会。

因此，品牌在服务客户时，就先要明确自己的客户拥有哪一种"美丽价值观"，尤其是美丽行业的品牌。我们不能单纯从有钱没钱来判定一个品牌的消费人群，而要看客户消费背后的美丽价值和底层逻辑。

1.6 品牌可以贵，但要有价值去支撑

也许有人疑问，如果我的品牌定位是高端人群，价格非常昂贵，那么是不是市场的规模就会受到局限？其实这个问题根本不值得疑惑。其实品牌服务什么人群不是根本问题，"品牌产品的价格"也不是问题，你的品牌无论多贵都可以，但前提是这个品牌有"价值"，"高价值"即是客户消费的理由。很多客户不是怕花钱，怕的是含糊不清地花钱，比如一瓶不明配方产品，A 卖 1000 元，B 卖 1 万元，为什么？没有统一的标准，见人下菜，就会让人觉得是骗局品牌。所以产品可以贵，但必须有足够的理由去支撑。

就像百达翡丽，为什么同样都是钟表品牌，它却能成为近两百年的经典品牌，并成为世界十大名表之首。即使钟表的价格再贵，也依然让客户追捧？是因为它有足够的理由和价值去支撑。

价值一：品牌价值

品牌价值包括个人品牌价值和企业品牌价值，它包括四个维度：分别是差异性、相关性、认知度、尊重度。

差异性是指打造具有差异性的价值，相比其他品牌，能给企业与客户带来什么好处，让客户为品牌花的每一分钱都有品位与价值。显然，百达翡丽具备了这一点，都是钟表制造商，但是百达翡丽却是全球唯一一家独立钟表制造商，全程都自己生产制作，很好地把握住了产品的品质和品牌理念的具体实践。

相关性是指满足了多少客户的核心需求，其实就是指品牌的核心承诺。百达翡丽的核心承诺是："代代相传"。为什么承诺"代代相传"？因为顾客希望自己买到的产品是高质量的，产品品牌的文化是可持续的，而不是戴过几年就坏了，或是流行一段时间就落伍了。百达翡丽在实际行动中也确实做到了这一点，不管是在工艺制作上，还是品牌文化塑造上，都保持着"追求完美"的态度。

认知度是指知名度，但是知名度包括两点：一是深度，是指品牌在客户心中植入的深度，植入越深越不可被替代；二是广度，是指品牌辐射的范围广度，看有多少客户认知这个品牌。无疑，这两点，百达翡丽都具备了。从1839年创立到现在都一直牢牢稳坐全球十大钟表品牌的首位，每个国家和地区都有百达翡丽的忠实支持者。

尊重度是指客户在消费品牌时不会讨价还价，这是客户对品牌价值最大的认可，不管你卖的多贵，客户认可这个价值，就代表着这个品牌有了足够的尊重度。显然，百达翡丽的产品客户是从来不会讨价还价的，甚至认为它远超这个价值。就像是 Super-complication 这款产品，价值 1100 万美元，尽管价格高昂但也无法阻挡客户想收藏它的脚步。

价值二：品相价值

根据品相价值的标准可以将产品分为合格产品和爆品，合格产品是指这个产品的品相和价值达到了标准水平，可以放心生产、交付给客户，客户不会对此不满意，但也不会特别喜欢，然后成为品牌的忠实粉丝；爆品是指真正能引爆品牌，帮助品牌吸引客户，让客户成为忠实粉丝的产品。能成为爆品的产品必须具备四个要素。

体系化：是指完善的设计理念或设计路径，这是给顾客高频次循环复购的理由。这个设计理念与美学、技术、品味相关，只有做好了设计理念才能说服顾客相信你。就像百丽翡达，它的设计理念是"追求完美"，它用极高的审美艺术和品味去设计每一款产品、用匠人的精神去设计产品，让产品彻底践行了"追求完美"的品牌设计理念。

独特性：指爆品本身，只有品牌做出了爆品，就具备不可替代的价值。就像是格力的空调、美宝莲的睫毛膏、海蓝之谜的面霜，这些爆品就是这些品牌的核心价值，也是客户购买的理由所在。百达翡丽自然也具备爆品这一核心价值，且不止一款，比如 5146R-001 玫瑰金腕表、5296G-010 腕表、鹦鹉螺运动优雅系列 5980R 全玫瑰金……都是百达翡丽的爆款产品。

成长性：指产品的品牌迭代具备极高的成长空间，没有一款产品一出生就是完美的，它只能通过客户反馈不断地打磨，最后让产品趋于完美。百达翡丽本着"追求完美"的精神，一直在精心打磨产品，因此才出现了一款又一款让人惊艳的产品。

场景化：指产品的场景化程度有多高，其中包括消费场景、应用场景、独特场景。消费场景是指客户会在什么场景下对产品产生消费意愿，在什么场景下会选择佩戴品牌的产品、佩戴后能构成什么样独特场景。客户会在认可百达翡丽品牌价值的场景下选择购买它，在出席重要场合时，如商务活动、时尚晚会、行业大典等重要场合佩戴它，客户在佩戴百达翡丽的产品后，即能彰显客户的价值观、审美品位、消费水平、社会地位等因素构成的独特场景。

价值三：价格系统

一个有价值的品牌，不是说把价格定高，而是针对目标客户群、针对自身品牌定位，打造了一个完善的价格体系。其主要包括四个方面。

体系化：一个品牌的产品价格不能只有一种类型，它必须有利润型定价、引流型定价、高规格定价。如此，才能吸引不同的人群来消费。百达翡丽就是如此，虽然它是顶级奢侈品品牌，但是它的产品价格也并非几百上千万美元的产品，也有适合大众的几万到十几万的产品。

成长性：其主要指两个方面，一是产品价格设置成阶梯型，从低往上走，不同的阶梯针对不同人群，或同一人群的不同场景所需；二是价格随着品牌的增值也增值，它不是一成不变的，而是会随着品牌定位的升级而成长。显然，百达翡丽具备了这两点。

性价比：性价比高，并不是指越便宜越好，而是产品本身价值与价格构成的性价比，就像是小米手机，它走的就是高性价比路线，同一质量、同一配置的产品，其他品牌需要三四千，而小米只有一两千。又或是用这个价格购买来的产品绝对是物超所值，百达翡丽的产品价格显然也是如此，它本身的产品价值已经超越了价格本身，就像客户争相购买几百万上千万美元的手表，几百万上千万美元不贵吗？当然贵，但产品本身的价值远超这个价格。

价值化：是指品牌的产品能给客户带来实用性以外的价值，包括收藏价值、美丽价值等。百达翡丽显然是价值最大化的代表，它的每一款产品不仅可收藏，更是提升品位、彰显自己美丽价值观的好品牌。

价值四：渠道

指品牌为了宣传自己从而搭建的销售平台都有哪些。品牌是否拥有好渠道的评判标准如下。

多样性：是指品牌的渠道不是单一的，是丰富的，包括传统线下渠道，线上互联网新媒体渠道，个人IP也是重要的渠道之一。百达翡丽的渠道除了传统的门店、时尚大秀、明星名人宣传、电视、视频广告，也在新兴媒体如FACEBOOK、抖音等地方建立了宣传矩阵。

拓展性：指品牌渠道的吸引力如何，是否能成功吸引客户，并成为忠实粉丝，在拓展性方面，个人IP的效果无疑是最大的。百达翡丽最具吸引力的渠道无疑是其时尚大秀，每年的时尚大秀都是全球焦点，不仅老客户重视，也吸引了一批又一批新客户的目光。

稳定度：指品牌建立渠道的覆盖深度、客户信任度、建立持久度。百达翡丽在全球各个国家地区都建有销售渠道，近两百年仍然屹立不倒足以证明客户信任度以及渠道持久度有多高。当然，打造个人IP在提升渠道稳定度方面也有着极大的作用，一些品牌虽然没有很多门店，但是因为其品牌创始人打造了个人IP，客户因为信任这个IP就会一直支持他的品牌。

配合度：指客户对品牌的忠诚度和支持度，前者是指渠道一旦建立完成，其渠道所形成的客户就一直支持品牌；后者则是品牌有任何行动决策，各渠道都会第一时间做到配合，且执行到位。百达翡丽所建立的渠道在配合度上也是毋庸置疑的。

价值五：活动

这很好理解，就是品牌举办的各大活动，包括各种时尚大秀、时尚活动、行业大会、品牌嘉年华、品牌展会等。一个品牌举办活动的成功度是品牌价值的最直接表现，其判断标准如下：

吸引力：是指举办活动时客户好不好邀约，主动参与意愿强不强。百达翡丽在吸引力方面毋庸置疑，先不说是各名仕名媛，各明星大咖，普通的消费客户也对其活动非常的向往，只要接到邀请函，无一不积极参加。

沉浸度：是指客户在参与活动时，能否充分感受到活动的魅力，在活动中找到自己需要的东西，并为之消费。百达翡丽的客户基本上在参加完活动后，都会抢购活动上展示的产品。

转换力：是指活动的业绩效果，这是证明品牌吸引力、活动成果度的最佳数据支持。百达翡丽的活动是毋庸置疑的，当然除非参加的客户是特定的活动，不然一般都是在参加完活动后再找品牌渠道进行购买。

延续性：是指活动完成后带来的长尾效应，一个成功的活动不仅要看转换力，还要看活动后品牌影响力能否得到提升、后续的客户消费力是否得到提升，品牌创始人的 IP 影响力是否有增加，最为关键的是能否和后续的活动产生一个关联，形成一个体系，让参加完这场活动的客户也能积极地参加下一场，让客户也获得升级式的体验，并得到成长。百达翡丽每年的大秀都在热火朝天地举办就已证明这一点。

价值六：传播

意思是指品牌的传播能力如何，现在不是"酒香不怕巷子深"的年代，需要有合理的传播系统，才能让品牌的知名度、影响力得到最大程度地提升。其判断标准如下：

主动性：是指客户能不能成为"自来水"，积极主动地向他人传播和夸赞品牌，就像是小米的粉丝一样，主动成为小米的"传播口"。百达翡丽的客户无疑也具有这一特质，如果身边的人有购买产品的需要，他们第一时间就是推荐百达翡丽。

覆盖率：是指品牌打造的传播系统能覆盖到多大范围，覆盖越广，品牌知名度与影响力就越大。这一点百达翡丽做得非常好，除了针对当下的目标客户做宣传，还积极与年轻艺人合作，提前进入未来消费主力群的心里。

统一性：是指品牌传播渠道对品牌价值观传播、内容产品、新产品的推广是否统一步伐、格调一致。以百达翡丽为例，百达翡丽的新产品定位，在时尚上传递着什么信息，在各大新媒体平台上也需要传播同样的信息。

精准度：传播的渠道多种多样，但是每个传播渠道起到的作用以及操作方式是不一样的，就像是微博做事件、微信做沉淀、抖音做内容、快手做人设、小红书种草、头条做覆盖、百度做舆论、知乎做解惑、喜马做知识、社群做扩散、混沌做总结等。

价值七：服务体系

品牌的产品很重要，服务更重要，一个完善的服务体系直接决定了客户对品牌的满意度。好的服务体系需要具备以下四个特征：

专业化：是指品牌在该领域方面的专业程度，以及品牌由上到下的员工专业能力。专业能力越强，客户越信服。百达翡丽是全球唯一一家独立钟表制作商，拥有非常强大的专业队伍，这就是客户愿意相信百达翡丽专业品质的根本原因之一。

匹配度：主要是指品牌的创始人IP或者是员工与顾客之间的身份、知识、认知的匹配程度，能让客户信服的个人IP或品牌员工，必然在这些方面碾压顾客。当然这个身份不是指社会身份，而是在所在领域内的专业身份。显然，百达翡丽不存在这一方面的问题，就连最基本的钟表制作人都要经过十年的培训。

层级化：是指品牌是否对客户进行分层管理，不同层级的客户，服务的重点不同。百达翡丽就做了分级，比如能收藏顶级产品的客户、购买日常佩戴产品的客户，对于不同的客户他们都有做区别。

满意度：这是最好理解的，就是客户对品牌的服务满不满意，包括售前、售中、售后、客户参加各种活动时对品牌服务的态度。一个有价值的顶级品牌，在服务满意度上肯定也是做到了极致。

第2章
个人IP生态模式是什么

都在强调个人IP，它到底是什么？能有这么大的魅力，让人人都在讨论它、成为它？小到名不见经传的普通人，大到世界级的企业家，他们每个人都成为IP的追随者。那它到底是什么呢？有什么特征和作用？能让人如此痴迷？这就是本章要解开的谜题。

2.1 个人IP生态模式就是企业的终极防火墙

个人IP是指一个在某行业具有影响力、值得信任且能带来流量的人，并不仅仅指明星、网红，以及频繁出现在大众面前的企业家，也包括各个平台的各种类型的主播与短视频主角达人等。其实，不仅是他们，即便是身为普通人的我们，也要在生活和工作中经营自己的IP，因为个人IP可以大大缩短别人对我们的认知路径。

很多人对个人IP有误区，觉得个人IP就是粉丝高、好看的照片、视频，其实个人IP的核心，就是一个人的观点，个人IP生态系统的建立，也是基于个人观点的传播系统。

很多人有了IP，但很难变现，尤其是一些企业家，因此他们也就产生了许多困惑。比如"我做个人IP是不是意味着我要重新回到一线了？""我要打造个人IP，我是不是还不够美，我要去寻找医学帮助提升外貌？""我的IP起来了，那有一天我退居二线了我的公司怎么办？"

这些问题产生的本质原因就是没有构建起属于自己的个人生态模式。IP生态模式一旦打造成功，就能和自己的企业做关联，形成企业的终极防火墙，并帮助企业节约客户认知路径消费成本，极大地推动了企业的发展。

个人IP生态系统的构建框架如下：

框架一：明确个人优势

在进入个人IP打造领域之前要先进行定位，要问自己："想成为什么样的人，我在这方面有什么优势？为什么别人认可我在这方面是权威的？我能给别人带来什么价值？"简而言之就是"我的核心价值承诺"。

比如说你想要打造历史知识类的个人IP，就要问自己是否擅长历史知识，是否在这方面有成就可以被人认可，你是否能给目标受众带来历史方面的价值。

著名作家、投资人、场景实验室创始人吴声，他的个人IP打造得非常的成功，他出版的《场景革命：重构人与商业的连接》《超级IP：互联网新物种方法论》和《新物种爆炸：认知升级时代的新商业思维》三部作品都非常畅销，他的演讲更是常常爆满，毫不夸张地说，只要他有新书出版、有新演讲或新课程推出，都能受到大众的支持。他IP能打造成功的关键就是懂得明确个人优势。

首先，他有着丰富的职业背景。他毕业于南京大学，先后在凡客诚品、京东商城、乐蜂网、唯品会等电子商务企业担任高管，同时又是场景实验室创始人，更有众多投资成功案例。这些经历足以树立起他在"商业知识IP"方面的权威。

其次，他有着丰富的实战经验。他是国内影响力最大的互联网知识社群罗辑思维联合创始人之一，并参与凡客体、京东815价格战、乐蜂桃花节、"时间的朋友"罗辑思维跨年演讲、"预见"吴晓波年终秀、达利欧

《原则》中国行、新匠人加速计划等商业案例的议题设计或策划，有着丰富的个人知识观点。

丰富的商业知识储存是他的优势，雄厚的职业经历是他的权威，因此他就能给出"我能给受众带来商业知识"的核心价值承诺。

框架二：准确定位用户

没有一家企业可以为所有客户服务，个人IP也是如此，所以在打造个人IP时，要确定着重发展的目标市场是哪个？也就是你要让哪个类型的客户成为你的粉丝？目标客户群的美丽价值观是什么？记住这里是美丽价值观，而不单单是用户画像、年龄、职业、性格等。就像是聚美优品的陈欧，他打造个人IP就把目标市场放在了美妆这一块，要吸引的也就是对美妆有需求的目标群体。

美丽价值论是打造个人IP的核心要点，所以个人IP打造者要打造属于自己的美丽价值体系，用彰显自我的美丽价值体系，去影响和引领粉丝及手中客户，未来的营销一定不是主动销售，而是引领，让客户发自内心的认可、崇拜，进而产生想要成为你的冲动。需要注意的是，美丽价值体系虽然有框架体系，但框架内填充的内容却不同，因为每个人有每个人的特色，每个人有每个人独有的美丽价值。

框架三：树立IP概念

你的IP能不能成功，判断的标准之一就是是否已经进入了客户心智。如何进入客户心智呢？这就需要先为自己的IP树立概念，不过不必等到完整的理念成型再说出去，可以先树概念，先占位，然后再运营IP广积粮。

如何树立概念？

比如树立"第一名"概念。如果你能成为该品类IP的第一人，就等于抓住了成功进入客户心智的捷径。问自己几个简单的问题，即可确定这个方法是否可行。"世界上最高的山是哪座？""第一个登上月球的人是谁？"我们可以马上给出答案，但是第二是谁呢？想必大多数人都不知道。

比如树立"非可乐"概念。是指通过与客户心智中已有的概念作出明显区别，把自己的IP概念定位于竞争对手的对立面，让客户能通过竞争对手来认知你。比如七喜的"非可乐"概念。

比如树立"俱乐部"概念。是指个人IP的目标市场已经有了领先者，那么我们就可以采用"借势"的方法，告诉客户我们是这个限制严格的俱乐部的成员，如此就可以借助俱乐部已经形成的概念，成功进入客户心智，比如美国克莱斯勒汽车公司的品牌概念：美国三大汽车品牌之一。

不过在树立概念时需要注意：不能自嗨，需站在客户的角度去考虑问题、解决问题。比如运动软件keep树立的概念是："自律给我自由"，就是可借鉴的案例。Keep的目标客户是希望通过健身实现身心自由，但又没有自由以及自律的条件去完成健身的人。同时，它直接告诉客户使用keep，能帮助你实现自律和自由。

框架四：升级消费场景

消费场景的转变和组合，是品项创新的一个重要途径，而这也是让客户能深度认可IP的重要方式。

比如，传统的餐饮只是卖食品，网红餐厅通过创新，把体验、拍照、打卡、用餐，作为整体的输出。为了强化场景升级，还专门增加了服装租赁、专业摄影师、现场出片等。

比如，线上卖减肥产品是一种场景，但是通过卖28天瘦身训练计划课，在卖课的同时，增加客户体验，把产品作为附加值，这也是一种场景的升级。

框架五：建立个人渠道

不管是做线上还是线下，要想在目标市场获得一定的影响力，成功打造个人IP，就要确定自己的输出载体。也就是说你要把哪个平台作为自己的输出载体。现在是移动互联网时代，社交网络异常发达，每个平台都能成为IP打造者的输出载体，比如微信公众平台、微博、短视频、小红书、今日头条等。除了线上，线下的各种行业沙龙、各种会议场景也是个人IP打造者重要的输出载体之一，且更加有针对性，因为能参加行业沙龙、行业会议的都是行业内的人，或是对该行业有兴趣的人。

比如李子柒、沈丹等人都把短视频作为自己的输出载体，六神磊磊把微信公众号作为自己的输出载体，罗振宇、雷军、董明珠则把各种行业大会作为自己的重要输出阵地。

框架六：讲创始人故事

奢侈品之所以贵，都是讲故事，讲创始人的故事。这就是企业家成为IP的魅力所在。

比如迪奥创始人——克里斯丁·迪奥。他出身优渥，毕业于巴黎政治学院，与迪奥的主打业务"服装"毫无相关，但他却对此有着极高的天赋与热情。1935年，家中破产，克里斯丁·迪奥一夕之间从"天上掉到了地下"，为了生活到处找工作、到处流浪，时常饿肚子、露宿街头。

就在这人生失意之时，一位时装界的朋友建议他画一些时装设计图，他的"艺术天赋"就此展露，成为备受欢迎的时装设计师，并入职"Pignet"。不久后，第二次世界大战爆发，他又再次丢掉了工作，只能重新来过。

人生的几经沉浮，让克里斯丁·迪奥对人生有了更深切的认知，而这个认知也深深地嵌入他的服装设计中，1946年，他在巴黎Montaigne大道开了第一家个人服饰店，成立了自己的个人品牌，而他的价值观也深深地影响了这个品牌。

网红奶茶品牌"奈雪的茶"，短短六年就能在香港上市，成为奶茶品牌中的领头羊，它的成功与创始人美丽的"爱情故事"分不开。创始人奈雪本命彭心，原是一名IT公司的品牌经理，因喜欢烘焙与饮品，就果断辞去工作，开始了漫漫创业路。但是她并不懂茶饮行业，更不懂如何做生意，后来机缘巧合认识了赵林。

1980年的赵林是餐饮界的老前辈，也是一名单身大龄青年，为了终身大事，经常相亲。一次彭心开玩笑地说："那我行不行？"，没想到赵林却回答说当然行，并也开玩笑地说："你没有相关项目经验，这个问题很好解决，就是做我女朋友"。就此，两人开始了正式交往，三个月后他们就闪婚了。

这闪婚的背后是他们一次又一次的沟通和了解，有着相同的价值观、共同的人生目标——创立一家奶茶店品牌。不久，他们的爱情结晶"奈雪的茶"就正式进入市场。动人的"爱情故事"给品牌戴上了"浪漫的头纱"，成为不少年轻人的心头好。

框架七：塑造极致体验

不管是客户在店里消费、还是去会议场景中消费，促成消费的根本因素就是能否在现场获得极致的体验。而这体验由三个部分构成：

第一，客户体验度。不同的消费场景下，客户获得的体验是不同的，比如普通场景下，是客户一对一的成交，客户获得体验更多的是来自企业针对个人的服务体验。而活动场景下，则是集中式的成交，是一对多的成交，客户获得体验更多的是企业文化，是在会议场景中学习以及课程的感受。

第二，客户参与度。客户能获得多大的体验，是由客户参与度来决定的。如果客户参加一场活动，全程只是一个旁观者，看着台上的人介绍，欣赏别人的表演，那么他就只能是一个普通观众，看完就走。但是如果他参与到其中，成为产品的介绍人，成为场上的表演者，那么他就是活动方的"自己人"，对活动场景自然能有更深入地了解及感情。

第三，客户互动度。试想一个场景：如果你去上课，台上的讲师知识经验丰富、观点金句频出，这堂课确实可以给你带来很多价值，但是全程你只能不停地听或记录，与讲师或同学无任何互动，那么你是否会产生"疲累或不耐烦"的情绪，产生"学完这些知识"就走的想法呢？所以，在活动场景适当增加些"互动性环节"，可以增加活动的趣味性，提升客户的体验感。

框架八：增加曝光频率

营销学中有一个理论是不断重复，原因是通过重复增加品牌的曝光度，让客户记住品牌，有些方式是通过在广告中重复品牌名，有些方式则是在各大平台不断重复广告。个人IP想要被人记住也是同样的道理，让IP的概念或观点不断地出现在客户面前，增加曝光度，然后被记住，可以通过事件营销的方式来完成。

事件营销是指通过策划、组织和利用具备新闻价值、社会影响的事件，吸引大众的关注，以此提高IP的知名度、美誉度。

比如苏宁小店，为了增加品牌的曝光度，并让人记住"三公里零售圈"的品牌定位，2019年年初，就策划了一场"致敬城市守护者"的事件营销。

事件的主人公是北上广深那些过年不回家、守护万家灯火的普通人，苏宁小店通过镜头记录他们的真实故事，让社会大众把目光集中到他们身上。同时苏宁小店还会给城市守护者送去免费早餐与年货礼包，并联手《新世相》，掀起社交媒体对"那些过年不回家的人"的广泛热议。该事件话题阅读量2760万，讨论量3.2万、守护者纪录片视频播放1539.7万+次，点赞超100万+，并且被人民日报Facebook全文转载。

社会大众被城市守护者感动的同时，也记住了"苏宁小店"这个品牌。

框架九：打造 IP 闭环

建设闭环其实就是建立自己的变现体系，没有变现体系的 IP 是不成功的。

打造个人 IP 的目的是什么？其大致有二：一是实现个人经济效益，就是如何通过个人 IP 为自己获利；二是为了成就传奇品牌、打造企业 IP，也就是个人 IP 打造者要如何用自己的个人 IP 为企业服务。简而言之，就是要确立个人IP变现体系。

比如一些内容类个人IP通常是通过接广告、与品牌商合作实现基础变现，再打造个人品牌实现最终变现。

比如一些企业家身份的个人IP打造者，就是通过把自身与企业进行深度捆绑，达到帮助企业提升知名度、推动产品销售量，最终成就企业IP的方式进行变现。

需要注意的是，不同IP的闭环是不同的，如上文所述的内容类IP、企业家身份IP，此外还有产品IP的闭环、会议场景的闭环、企业运营的闭环。

2.2 超级个人IP的五个属性

有人认为我只要出名了就能成为IP，就像是互联网上的各种网红一样，这是极为错误的想法。一个成功的IP，尤其是能助推企业或品牌发展的IP，其需要具备的属性绝不仅仅是"红"，它还包含许多许多属性，而这需要自己精心打造。

价值属性：你能给他人带来独特价值

一个具备持久性发展能力的IP，它肯定有其独特的价值所在，就像一些百年品牌一样，它能经得住一代又一代客户的喜欢，就是因为有独特的价值。

比如LV（Louis Vuitton），1854年，诞生于巴黎，在这个各种知名品牌充斥的时尚之都，它凭借着优良的做工、精湛的技艺、独特的品牌价值观，成为全球知名的奢侈品皮具品牌。世纪的交替、时代的革新都不能动摇它在时尚界以及皮具界的地位，它始终被客户认定为皮具界一线高奢品牌。

独特属性：有独一无二的标签

同质化现象不仅出现在产品界、品牌界，也出现在IP界，我们经常可以看到许多IP的标签、故事、风格、观念、内容都几乎一模一样，而这些同质化的IP几乎不久后就会消失，除非你有能力做到最顶尖，让其他同质者只能跟着你走。那么如何才能树立独一无二的标签呢？我们可以从其人生经历、爱好、职业、社会身份等各方面进行提炼。比如企业家标签、艺术家标签、作家标签、歌手标签、慈善家标签、学霸标签、家庭标签……

比如王石，他的个人标签就非常独特。

比如企业家，这个标签是来自入职在万科集团、远大科技等企业的领导人，并通过个人IP推动了企业的发展；

比如户外运动爱好者，这个标签则是来自他的个人爱好，与其创造的不少佳绩，比如成功登上了珠穆朗玛峰，在西藏青朴创造了中国飞滑翔伞攀高6100米的纪录。

内容属性：好内容永远为王

人们为什么要关注你？成为你的粉丝？当然是因为你的内容，内容是吸引粉丝的第一要点。除了保证高品质的内容还不够，还需要持续不断地更新高品质的好内容。就像一家企业，因为一款好产品打开了市场，但是随着科技的发展，市场竞争的加大，其他同类产品或更好的产品不断地涌现，如果这家企业无法提供一个更好的产品来留住客户，那么这家企业的经营很快就会出现问题，因为客户都被其他更好、价格更低的同类产品吸引走了。

做IP也是如此，迪士尼为什么能成为一个"IP"，从表面上来看它就是一个游乐场，但实际上它一直是"好内容"的输出者，比如《白雪公主和七个小矮人》《海盗船长》《唐老鸭和米老鼠》《花木兰》《冰雪女王》……迪士尼在全球各地都有粉丝，其原因就是它给粉丝持续输出好内容。个人如果想要打造成功的IP，也是一样道理。

创新属性：击中人性贪"新"的弱点

"喜新厌旧"是人性的本质，没有人会一直喜欢同一事物，即使能，也很难激起更大的热情，IP更是如此。迪士尼如果只有一部《白雪公主和七个小矮人》，那么它也不会有如今的影响力。所以，在打造个人IP时一定要有创新性，时不时地给受众创造新鲜感。

比如罗振宇在打造《罗辑思维》这个节目时，为了能留住观众，每期都会寻找当下社会最关注的热点进行分析解说，为了保持新鲜感，除了带来最热点的主题，还会讲述历史、个人成长、教育、国内外名人的各种事件。

从2012年成立到2016年宣布不再接受新会员，其会员人数就达到了6.6万人次，会员价格并不低，普通会员200元，铁杆会员1200元，远高于各App的价格，但受众还是前仆后继地加入，2015年在进行B轮估值时就已经超过10亿元。

为什么《罗辑思维》这么受欢迎，高价入会费也抵挡不了观众们的热情？就是因为它能带给观众们新主题、新内容、新观念、新知识。

美丽属性：创造自己的"美丽价值"

"美丽价值"是IP的核心，不分个人还是企业。只有拥有自己的"美丽价值"，IP才更容易被接受，也才能更持久。"美丽价值"包含的范围有很多，从外部看包括容貌、身材、打扮、眼神、气质、说话、行为；从内部看包括品德、知识、见识、思想深度、求知欲望、成长欲望……只有拥有这些"美丽价值"，你才能成为一个优秀的"IP"。

香奈儿品牌的创始人——嘉柏丽尔·香奈儿，为什么能创下"香奈儿"这个时尚界风向标的百年奢侈品品牌？就是因为"嘉柏丽尔·香奈儿"本身就是一个具备"高美丽价值"的IP，客户们先支持她个人本身，才支持的"香奈儿"品牌。

2.3 个人IP发展的五种模型

2019年3月，胡润研究院发布《2019年全球白手起家女富豪榜》，该榜单对全球白手起家的10亿美金女富豪进行统计，来自中国龙湖的吴亚军财富值达到660亿元，成为全球最成功女企业家。

"白手起家""全球最成功女企业家"，这几个关键词组，就足以说明吴亚军的这一生有多传奇，而这"传奇"的一生，也让她多了一个身份——成功的个人IP打造者。

为什么这么说呢？因为她"传奇的一生"让她获得了比其他女性企业家更多的关注，许多人都因为她的故事而持续关注她，她的一举一动都会引起讨论风潮。

吴亚军出身于重庆的普通家庭，家里并不富裕。吴亚军从小就努力读书，功夫不负有心人，她考上了全国重点的西北工业大学，毕业后成了重庆前卫仪表厂的一名技术人员。

凭借着自己出色的能力，吴亚军从一名小技术人员成为厂里的核心管理人员。厂长还给她100元的月薪，这在当时可是天价的工资，但让众人意外的是，吴亚军辞职了。因为她认为不能在厂子里待一辈子，要去外面的世界寻找更大的机遇，她的人生绝不仅限于此。

不久后，她成了《中国市容报》的记者和编辑，没过几年，她又觉得这个工作不能给自己带来大发展，于是决定辞职下海经商。

她把目标放在了房地产这个行业，凭借着胆气和能力，她成立的龙湖地产在3年内就在重庆站稳了脚跟。在房地产行业站稳脚跟的她更加努力和拼搏，只用20年的时间，就把龙湖地产扩张至全国，自己也成为全球白手起家女首富。

特别让人惊讶的是，吴亚军不接受任何采访、不签名、不上镜，但却依然阻挡不了她成为一个"IP"，原因就是她有着让人关注的传奇经历。

读到此处，也许有人会疑惑，为什么这么多人会因为"传奇经历"而关注一个人？其实这就是IP打造的"原型因素"所造成的。

每个人成为IP都需要一个"自己的人生故事"，而故事的主人公都有属于自己的"故事原型"，这就决定了个人IP能不能打造成功。现在我们来看看都有哪些原型。

原型一：白手起家

白手起家的故事原型是指主人公原先只是普通人，没有资源、没有钱财，但却有出色的能力、过人的胆识、吃苦拼搏的精神，凭借着这些特质，最后从一个"普通人"变成"成功者"。

吴亚军的故事就是典型的"白手起家"类型，从工厂普通的技术人员到全球白手起家女首富，她的故事完全符合这个类型。"白手起家"故事还有很多：比如格力董事长董明珠，原先只是一名普通销售员，经过自己的努力成为世界500强企业的董事长；比如京东创始人刘强东，原先只是需要村里人帮助才能上得起大学的穷小子，但最后却成为中国第二大电商公司的掌舵者。

原型二：悲情救赎

指故事的主人公原本是成功人士，但是因为自己的狂妄或者骄傲，最后失败了。在失败后仍然自强不息，努力地为自己失败买单，最后实现了自我救赎，又重新登上成功之路。

比如罗永浩原先是锤子科技公司的创始人，同时也是个成功的 IP，但是因为经营不善，公司破产且负债几亿。可他并不像许多破产人一样，申请了破产就不为这些负债负责，而是转行进行直播带货，凭借着自己的能力和原 IP 的影响力，在直播带货行业做得非常成功，成功将几亿负债还清。罗永浩的这个经历，让他完成了自我救赎，且完成了个人 IP 的进一步升级，在获得人们关注的同时，也激发了人们的钦佩心与同情心，成了一个英雄式的个人 IP。

原型三：追求梦想

其实大部分 IP 的人生故事都包含了"追求梦想"，但并不是所有人的故事都符合"追求梦想"这个类型，这个类型必然经历遇到困难、然后战胜困难、最后如愿以偿实现了梦想、但又认为梦想实现还不够、还要追求更大的梦想等这些过程。

华为公司创始人任正非的人生故事显然非常符合这个"类型"。他从进入通信行业开始，就在不断追求"通信技术的梦想"，希望中国的"通信市场"不会被外国拿捏，在这个过程中他遇到了一次又一次的困难，从实现技术创新,到技术被他人超越,然后又超越了对方,最后领先世界一步研究出了5G技术,直至今日还是在不断更新技术,做通信技术行业的领头羊。

原型四:崇高使命

并不是所有人的人生故事都能成为IP,也不是所有企业家的使命和任务能让企业家成为个人IP,他必然还需要有崇高的使命,他的价值观和梦想不只是打造一家成功的企业,他的梦想除了成就企业之外也在成就世界。

就像是苹果的创始人乔布斯,他成立苹果公司的目的不仅是创造更好的电子产品,让苹果公司成为全球领先的企业,他的目的是"改变世界"。显然,他做到了,他让苹果成为领先的企业,也让电子行业出现了天翻地覆的变化,让电子行业尤其是手机行业,从功能时代变成了智能时代。

原型五:王者归来

王者归来是指这个人本身就是一个站在成功顶端的人,但是后来失败了,甚至成为一个普普通通的人,但在经过教训和反省后绝地反击,王者归来,获得了比之前更大的成功。这个类型和自我救赎类型类似,但不同之处在于比之前更强大,如此才能符合"王者归来"这个类型。

比如史玉柱,他创造了巨人集团,成为当时的中国首富,站在了成功的顶端,但之后巨人集团遭遇失败,他不仅一无所有,还负债2.5亿。

受到重创后的他进行了深刻地反省,为了尽快还债,于是找朋友借了50万,开始运作脑白金,只用两年时间,就创造了13亿元的销售奇迹,不仅还清了负债，还积累了不少财富。

之后又投资民生银行，在2011年外资投行纷纷唱空银行股时，史玉柱咬牙坚持，并承诺"三年不抛售民生银行A股"，13个月时间史玉柱浮盈超过60亿元，被股民大呼"股神"。

在炒股的同时，他还进入网游行业，于2004年成立网游公司。2007年其旗下巨人网络集团有限公司成功登陆美国纽交所，总市值达到42亿美元，成为在美国发行规模最大的中国民营企业，史玉柱的身家突破500亿元。

2.4 超级IP需要有核心关键词的支撑

在我们调查大众对个人IP的看法时，可以发现在大众眼中的IP大致可以分成两类：一类是哗众取宠的"低级网红"；一类是受人尊敬的有影响力的名人。被列为前者的个人IP打造者不在少数，能做到后者的却少之又少。为什么会出现这种两级分化的现象呢？其原因就是："IP打造者在输出观点时是否有理论与实例支撑，其观点是否能凸显出自己的高度，而不会被认为是为了获取关注，故意炒作。"

要做到这一点是非常困难的，就连董明珠在进行个人IP打造时，外界都有人批评其"不好好做企业，只懂得炒作搏关注"。但现在这种言论几乎消失，其原因就是董明珠所有被批评的"炒作实践或观点"都能得到实例支撑。

比如与雷军的"10亿赌约"，董明珠用结果证明了自己所处的传统制造业并不会比新兴的互联网企业差，只要产品好、质量好，根本就不怕互联网企业的冲击，对于"10亿赌约"并不是自大之言，而是成竹在胸。

又比如在发表对人才的观点时说"把员工当家人，解决员工所有的生活之忧"，在说出这个观点时不少人认为这不过是企业家"忽悠人"、树立自己正面形象的"官话"，但董明珠却用实际行动证明了自己不是"画大饼，说官话"，给员工盖房子、给员工自己的电话号码、为患病员工请权威专家治疗……

从董明珠的案例中我们可以看出，成功的个人IP绝不是营销出来的，也不是说几句惊天之语、制造几个话题事件而来的，单纯地通过这些手段打造出来的所谓个人IP，也不过是大众眼中"哗众取宠的低级网红"。

那么如何才能做到如标题所言："有理论支撑，能凸显高度呢？"我们不妨从以下三点入手。

有数据

在输出观点、制造时间、打造标签时，如果想让人信服，就一定要有数据支撑。这是大数据时代，数据不会骗人，也最能说服人。这就像我们写论文一样，在提出一个论点时，如果没有有效的论据支撑，那么这个论点就无法成立。

比如雷军在小米十周年演讲时说："小米正在一步一步成长，在一步一步长大"，这不是他"王婆卖瓜，自卖自夸"，而是提出了数据支撑。

小米第三次上榜了《财富》世界500强，全球排名338名，进步了84名。国际调研公司IDC报告显示，2021年第二季度，小米的手机销量超过苹果，首次成为全球第二。全球市场占有率达到16.9%。也就是说，全球每卖出六部手机，就有一部小米。销量同比增长86.6%，小米正在高速成长中。

当列出这个数据后，我们可以确定雷军并没有夸大其词，小米确实正在飞快地进步。

有实例

为什么我们在提出一个观点时就要举出一个实例来论证自己的观点。因为要达到两个目的：一是让论点更具说服力；二是让观点更容易理解。所以IP打造者在输出观点时，不要认为只要制造出能"一鸣惊人"的观点金句即可，还要有实例来支撑这个"观点金句"是否存在、是否能被理解。

比如雷军输出的如何找人才的观点："我在面试牛人时，牛人也在面试我。"他举了个例子来证明这个观点，具体内容如下。

我找的第一个人是林斌，当时他是谷歌中国研究院的副院长。刚好赶巧，他正在考虑出来创业，做个在线音乐公司。我说，别做了，跟我一起干点大事。我在餐巾纸上画了这么一张图（"铁人三项"），他很快就答应了。这样，他成为小米第2号员工。

这么顺利的挖角只是一个偶然。接着我连续找了十个谷歌工程师，一个都没有搞定，真让人绝望，直到第11个。他就是洪锋，谷歌非常出色的工程师。

一上来，洪锋就问了我三个问题。

第一个问题,"你做过手机吗?"

"没做过。"

第二个问题,"你认识中国移动老总王建宙吗?"

"不认识。"

第三个问题,"你认识郭台铭吗?"

"郭台铭?我认识他,他不认识我。"

这三个问题下来,我估计没戏了,但出于礼貌,我还是坚持"尬聊"了很久。最后他做了一个总结:"这事听起来,不靠谱……不过,可以试试。"

一瞬间,我长舒了一口气,终于搞定了!就像中了彩票一样。这是我搞定的第二个谷歌同学。

有突破

有数据和实例支撑的观点虽然可以达到说服人的效果,但却无法凸显自己的高度,让大众从万千个人IP中关注到自己。所以,在提出观点时一定要有突破、有创新,不要人云亦云。这样"泯然于众人已",又如何得到关注呢?不过需要注意的是在提出有突破性的观点时也要有数据或实例来支撑,否则就变成"假大空"。

比如雷军在输出如何做基业长青的企业这个观点时,提出要"向同仁堂"学习。大部分的企业家在发表相关的观点时,都是说向阿里巴巴、华为、国外的一些大企业学习,但雷军却提出了一个很少被人关注到的企业"同仁堂",说出这个观点时,众人都非常疑惑,但雷军马上对这个观点进行了解释:

"柳传志当年推荐过一本书，叫《基业长青》，是关于如何创办百年企业的。于是我就问自己，怎么办一个百年企业呢？我首先想到的是，在中国，谁做到了百年。

我第一个想到的是同仁堂。

在研究同仁堂的时候，我发现同仁堂最重要的是其司训——品味虽贵必不敢减物力，炮制虽繁必不敢省人工。意即做产品，材料即便贵也要用最好的，过程虽烦琐也不能偷懒。换句话说，要真材实料。

但这个事说起来简单，做起来是很难的。所以同仁堂的老祖宗又讲了第二句话：'修合无人见，存心有天知。'你做的一切，只有你自己的良心和老天知道。这一句话，是保证第一句话被执行的根本基础。

我认为要基业长青，就要做到两条：第一真材实料，第二对得起良心。"

雷军的观点有突破、有实例支撑，这才是真正能帮助打造个人IP的好观点。

2.5 董明珠：依靠IP三小时卖出3.1个亿

2021年6月15日，格力集团董事长董明珠在微博上发布了一段视频，视频内容显示："格力第一批3700套住房即将交付使用，优先分给优秀员工，且已经给内部员工下发了关于住房申请的通知邮件。"

这则消息又一次将大众目光集中到了这位铁娘子身上，不得不说董明珠确实是一位非常优秀的企业家。为留住人才，早在2018年就承诺给格力员工一人一套房，格力员工有9万多人，按照市价，需要花320亿元，虽然这个数据不太准确，但这个承诺已经逐步实现。董明珠这么做的原因，就是为了留住人才，让格力发展得更好。

其实，董明珠不仅是一位优秀的企业家，也是一个非常成功的IP，而且她非常懂得利用自己的IP影响力去推动格力的发展。

2020年5月10日19点30分，董明珠现身快手"超级品牌日"母亲节专场直播间，成为一名新晋"带货主播"，短短半个小时销售额破1亿，100分钟破2亿，3个小时成交额达到了3.1亿，而2019年格力线上电器销售才3.5亿元，现在她直播三个小时的交易额几乎与全年线上交易额持平。

这其中固然有"直播带货"这个新零售方式的功劳，但起更大的作用的还是董明珠本身这个IP的影响力，许多客户都是冲着董明珠才关注这场直播并购买的。

为什么董明珠作为一个企业家能打造出一个如此成功的IP？她是如何打造自己的个人IP呢？

打造符合自身特质的独特标签

有不少企业家加入打造个人IP的大队伍，但无疑董明珠是最成功的之一，而她成功的秘诀就是给自己打造独特的标签。吴晓波在一篇文章中说到："在可以想见的未来，一切的商品将同时呈现'特定人格'和工匠精神。"无疑，董明珠做到了。

作为一名女性企业家,她给自己的IP贴标签时,不是从女性传统意义上有关的"高颜值"和"亲和力"下手,而是把很多人敬而远之的"硬派、狠性、拼劲"作为自己的IP。因为这些标签,导致外界对她的口碑并不算友好,甚至有人评价她霸道强悍,六亲不认。

但董明珠无所谓,在她看来打造标签一定要够独特,也要符合自身的特质,自己本身就不是温柔可亲的人,所以也装不了大众所喜欢的"漂亮、温柔、亲和的女企业家形象",所以她选择呈现真实的个性,并把这个个性挖掘到了极致。

此外,选择标签时,董明珠也有自己的考虑,因为在千篇一律的漂亮、温柔、亲和的女性企业家IP标签里,她的标签会显得格外与众不同,也只有足够特别,才能被大众牢牢地记住,显然董明珠的判断是正确的。

拥有传奇的人生故事

人们更容易从故事中接受信息,所以IP的打造和故事是分不开的,恰巧,董明珠具备了这个条件,她拥有传奇的人生故事。纵观董明珠的人生之路,堪称一部女性职场逆袭励志传奇。

36岁之前董明珠在一家研究所工作,是一名行政岗位的普通员工,工资不高,但很稳定,也算是让许多人羡慕的工作。但是就在这个让职场女性很尴尬的年龄段,36岁的董明珠辞去工作,选择去格力担任一名业务员。因为丈夫因病去世,微薄的工资不足以养家糊口。所以36岁的董明把只有8岁的儿子托付给母亲,独身一人前往珠海,在格力的前身海利国营空调厂找了一份业务员的工作。因为在她看来,这个工作虽然底层又辛苦,但只要有能力,就可以赚到大钱。

事实证明，董明珠确实是一个非常有能力的人，1992年，董明珠一人在安徽的销售额就达到了1600万元，占当时格力销售额的八分之一，调往南京后，其个人销售额一年内就达到了3650万元，创造了销售神话；1994年，格力遭受"业务骨干集体跳槽"危机，董明珠选择留在格力，并被全票推选为公司经营部部长，带领公司度过了这次难关。之后，她一路高升，2007年，出任格力电器股份有限公司总裁。

从业务员到世界500强企业的一把手，董明珠只用了11年，这个传奇的人生经历怎么可能不受人关注，所以说，董明珠天生就有成为IP、甚至超级IP的条件。

提炼自己的核心价值观

一个成功的企业家必然有其独特的想法以及核心价值观，而IP的打造最需要的就是价值观的输出，很显然，董明珠非常擅长这一点。她在构建个人品牌时，就已经把自己最核心的价值观进行了提炼，然后传递给受众，而且时不时会在重要场合发表自己的独特观点，引起大众的关注。

比如在对待员工上，她虽然经常会批评员工，但是员工被批评却很高兴，因为在接受批评的同时也会得到进步。但对于骂员工，外界多有贬义，但董明珠却认为："这是一种对企业和员工的负责。带兵带兵，你把兵带出来，看到他的缺陷你不提出来，你怎么叫带兵呢？这时对企业负责任，也是对他自己负责任，对企业负责任是首要条件。如果一个企业的员工，对这个企业不负责任，他就不是一个好员工。"

比如在对待管理问题上，她直接说："要么全力以赴，要么早点走人，在任何一个位置混日子迟早会有人拿你开刀，你要明白，做企业不是做慈善。"

2.6 于文红：从平凡姑娘到艺术面雕女王的IP之路

于文红，企业家，出生于辽宁大连，现任香港虞美人国际集团董事局主席，JOLLYONE 创始人。她之所以能一手打造时尚界首屈一指的品牌虞美人，与其一开始就懂得打造个人 IP 分不开，如今的她在美容界更是首屈一指的 IP 人物，拥有众多的追随者。现在我们就来看看她是如何打造个人 IP 的。

让自己成为企业品牌的代言人

于文红在刚创立虞美人品牌时就有了树立 IP 的意识，所以她在打造品牌的过程中，有意识地让自己成为企业品牌的代言人，加大自身的影响力，让客户通过她本人了解品牌，让客户因为她而认可品牌。为此，她积极地参加台前幕后的工作，通过媒体的曝光扩大知名度，比如她参加央视节目、参加各种行业大会、时尚晚宴、7 次受邀法国戛纳盛典，还曾经是 amFAR 慈善晚宴上的慈善明星企业家。同时，她更是公司所有品项的研发人员和体验官，让客户直接从她身上就能看到效果，在客户加深对品牌信任的同时，也加深了客户对个人 IP 的信任。对此，她更直接表示："我的脸就是我们企业的信用。"

塑造自己的核心价值观点

于文红是一个很有深度、很有思想的人，更是一个爱分享的人，所以她经常会把自己的美学观点、人生价值观分享给客户、合作伙伴，而她这些观点的独到性、犀利性，更是让人大受启发，众人对于文红的信任更是随着她分享的观点而增加。

比如她在创立第一家虞美人美容院时就分享了自己对做美容品牌的看法："让每个女人都享受美丽的权利，让每个人都能有品质地活到百岁。"

比如她对美丽和爱情的看法："真正美丽的女人，应该兼具外在美和内在美。""没有不美的女人，只有尚未发现自身美丽所在的女人！""我们终生都要学习，学习是美丽成长的基础。希望这种学习能使生命变得更加完美，能让生命以完美的形式走下去。"……

比如她对如何实现梦想的看法："天赋，就要学会自己挖掘自己，同时培养自己，将天赋转化成为实现梦想的力量。""人一旦有了梦想，就要把她视觉化，变成图片，并制定出时间规划同时数字化，放在自己每天都能看到的地方，梦想才会实现。"

比如她对如何努力上进的看法："先付出比先索取会获得更大的回报。""一百分的付出总有五分回报，不需要埋怨社会与环境，只需要足够努力，足够认真，足够好学。""说我不行，真的永远也不行。说我不行也要行，真的可能会行！"

不断自我变革，不断学习精进

于文红是打造IP的先驱者，本身更是美学家中最闪亮的一颗IP之星。

在打造 IP 的过程中，非常谦虚地学习，并一直保持感恩之心，这份大爱感染和照亮她身边很多合作伙伴，其中也包括我，在与虞美人携手合作的六七年时间里，会长一路给了我很多认可和支持，这是一种巨大的人格魅力，我也发现，会长身边不论是合作伙伴、员工还是客户，提及她的时候，都会感动地落泪，大家对会长真的是一种发自内心的热爱。

2.7 彭心：一杯奶茶成就一家上市企业

2021 年 6 月 30 日，奈雪的茶正式在港交所挂牌，成为"新式茶饮第一股"，股票发行价格为每股 17.12 港元。

新式奶茶是这几年的热门赛道，不仅是创业者的创业主方向，也是许多投资人的投资关注点，因而这个行业竞争颇为激烈。贡茶、喜茶、蜜雪冰城等都是非常受欢迎的茶饮品牌。但为什么奈雪的茶能率先拔得头筹？这与它的创始人彭心分不开。

其创始人彭心在创立品牌之初，就意识到了创始人个人 IP 对品牌的影响力，因此在打造品牌的过程中也有意识地开始打造自己的个人 IP。

把自己与品牌深度捆绑

彭心的网名叫"奈雪"，为了完成最初自己能开奶茶店的梦想，于是她就把"奈雪"作为茶饮品牌的名称。除了能与自己深度捆绑，"奈雪"

这个词语也很符合奶茶清新美好的形象。

除了用自己的网名作为品牌名，彭心更是把自己当做品牌的代言人，为了更符合奈雪清新有格调的品牌形象，彭心也在重新调整自己的个人形象。以往的她因为职业的原因在个人形象上更偏向于"事业女强人的干练风"，而现在则经常是长发飘飘、一席长裙，让人一看就是"即温柔又优雅"的女孩，和奈雪的茶给人的品牌形象一致。

用自己的创业故事为品牌加分

彭心是一名85后，从江西财经大学毕业后，就进入了互联网企业工作，一路努力成为该公司的IT总监。但是多年高强度的职场工作让她疲惫不堪，有一天她决定实现自己的"浪漫梦想"——开一家奶茶店。与所有的女孩一样，她也幻想着自己有一天能优雅又快乐地在休闲空间内，慵懒地喝个下午茶。不过有些人只是把梦想当作一个幻想，而彭心却将它付诸行动。

因为没有餐饮行业的工作经验，一开始并不顺利，直到最后遇上她的丈夫赵林，他从事多年餐饮品牌运营工作，有着丰富的行业经验，两人一拍即合开始了"奈雪的茶"品牌打造之路，彭心最后不仅获得了事业上的成功，也收获了美好的爱情和婚姻。

彭心的创业故事不仅给奈雪的茶塑造了品牌"能为梦想付诸一切"的积极形象，也给其披上了一层与美好的爱情和婚姻有关的"外衣"，不少消费者都是因为彭心的爱情故事而来，希望喝完奈雪的茶之后也能收获甜美的爱情和婚姻。

不断学习让自己和品牌双向成长

奈雪的茶一开始并不是现在的风格，有点类似于星巴克，整体的品牌色调偏暗色，给人一种稳重与商务的感觉。但是彭心将目标用户群定位为年轻人，这显然不符合当下年轻人的喜好。所以，一开始奈雪的茶发展地并不顺利。彭心意识到了自己的不专业，在老公赵林的帮助下，她开始学习消费心理学、品牌打造、品牌运营等商业课程，就是为了能用自己的专业给品牌带来更好的成长。

在深度吸收了相关知识后，彭心在结合调查数据、赵林的行业经验后，对奈雪的茶进行重新定位："大叔们的星巴克，年轻人的奈雪茶。"不仅重新设计了品牌形象、重装了店铺，更是对一些小细节进行了调整。因为她认为"细节决定成败"。彭心深度参与产品研发，她发现贡茶、星巴克的杯子较粗，女生手掌较小，握起来并不舒服，因此改成了瘦高杯，以她的手握尺度打样……

从这些小细节中我们就可以发现，在运营品牌的过程中，彭心不仅给自己带来了成长，她还通过自己的成长给品牌带来了成长。这种双向成长的结果既成就了彭心的个人IP，也让奈雪的茶成为上市企业。

第3章
用个人IP推动企业发展

时常关注商界新闻的读者们应该不难发现，越来越多的企业家从幕后走向了台前，前者有互联网新锐创业者，比如聚美优品的陈欧，小米公司的雷军、360的周鸿祎等；后有传统行业企业家格力董明珠、百度李彦宏、虞美人国际集团创始人于文红……企业家们正前赴后继地打造自己的个人IP，他们的粉丝与影响力丝毫不比明星差，为企业带来的正面推动，不是请明星代言企业品牌所能比拟。

3.1 现代企业家如何能和明星一样红？

也许有读者忍不住疑惑："企业家们并没有明星那样的专业团队，也没有当下追星族们推崇的'高颜值、好舞台、好作品'，但他们却能打造出远大于一般明星的人气，这是为何呢？"

这个问题就是本节要阐述的重点，现在我们就来看一看要想成为像明星一样红的"IP企业家"，需要具备哪些条件与素质吧！

条件一：一针见血的独到观点

这是企业家成功打造IP的重中之重，没有人喜欢"千篇一律"的东西、也没有人喜欢听"老生常谈"的观点，企业家要想吸引人注意，最重要的一点就看能否有一针见血的独到观点，让人听到、看到后产生："哇，从来没有人从这个角度思考问题！""真的好敢说！"不过需要注意的是一阵见血的独到观点需要建立在有事实支撑的基础上，而不是为了引人注意而故意说出一些"惊人之语"。

比如360董事长周鸿祎在参加"2017年创业家年会"时，对"产业进化是要颠覆还是要改良"进行点评，其一语就震惊四座："翻来覆去主要是两件事：让东西越来越便宜，体验越来越简单。"

条件二：打造能够流行的金句

金句就是指IP打造者能否说出一些带有明显个人风格的，能广为流传的话来。金句的作用是在过程中加深听众印象，事发后引发口口相传，二次传播，从而成功树立IP。一些IP打造者虽然思维敏锐、观点独特，但却口才不佳，缺少将自己的观点打造成金句的能力。不过，虽然没有先天条件，但却可以后天打造，可参考以下方式进行金句创造，比如套用金句方式。金句的公式＝总结＋节奏＋情绪。总结是指语言要精练，不使用太长太多的文字；节奏是指金句读起来要有气势且朗朗上口，便于传播；情绪是指可以引起大众或焦虑或被理解的心理。

条件三：具备制造话题事件的能力

打造IP的目的是抓住大众的注意力，那么如何才能在短时间内达到这一目的呢？很简单，就是主动制造话题事件，所以这一能力也是IP打造者的必备条件之一。

董明珠就是一个非常善于主动制造话题事件的IP打造者。2013年，董明珠获得2013年中国经济年度人物，与她一起获奖的还有小米集团雷军。在颁奖现场，董明珠与雷军一起接受奖项。向来善于活跃气氛的雷军在发表感言时向董明珠开了一个玩笑："5年内如果小米的营业收入超过格力，那么就是我赢了，你要给我一块钱做赔偿，反之我给赔你一块钱"。

董明珠一听，想着一块钱有什么好赌的，要赌就赌大的，于是她毫不示弱的回击："一块钱怎么能匹配两个人的身价，要玩就玩大的，要赌就赌10个亿。"

话一出口，不仅震惊了雷军，也震惊了关注这场颁奖典礼的各方人士，其中就包括一直想找新闻点的"媒体记者们"，就这样"董明珠与雷军的10亿赌约"就出现了各大媒体平台上，成为热点新闻，而董明珠和雷军也受到了前所未有的关注。

条件四：励志的真实人生故事

人们爱听故事，更爱听励志的人生故事。所以要成为IP，其IP打造者就一定要有跌宕起伏的励志故事，如此不仅能吸引大众的关注，也能给自己塑造独到的人格魅力。

比如褚橙的创始人褚时健，褚橙能一跃成为橙子品类的头部品牌，与褚时健的IP分不开，而他的IP的成功打造，则与励志的人生故事分不开。褚时健原是大名鼎鼎的"烟王"，鼎盛时期给国家创造了1000多亿的税收，就在事业的鼎盛期却因事入狱。到2002年出狱时，褚时健已经75岁。按正常的人生轨道，75岁的暮年老人应是在家安心养老，但他却在如此高龄的情况下，在老家包下山地种起了橙子，打造了褚橙品牌。

刚开始，褚橙并不顺利，但后来褚时健的故事在互联网传播，大众把他奋斗不止的精神投射到了褚橙身上，从而带动了褚橙的知名度与销量。

3.2 一人一媒体，一人一公司

当下是信息高度发展的移动互联网时代，信息的传播速度因为移动网络的存在而被无限放大，这个环境催生了新媒体的快速发展。在信息更加自由的环境下，信息已经不完全掌握在传统媒体手中，更多的是掌握在个人手中，每个人都可以成为一个媒体，成为信息的传播者，个人依靠信息传播就能成为一个IP，而个人IP又反过来依靠媒体信息的传播成为一个能赚钱的商业模式，成为一家能盈利的公司。

虞美人的于文红案例显然可以完美地诠释这句话："一人一媒体，一人一公司。"

"一人一媒体"，主要呈现在于文红在信息传播方面所起到的影响力。

第一，于文红一直致力于分享自己的美学方法和美学价值观，因此大部分的客户、合作伙伴都是通过于文红个人来了解她的品牌和产品。第二，于文红是一个与时俱进的人，她不仅通过传统的活动、演讲会、行业大会来宣传自己的美学观点及旗下品牌，更全面开通了互联网宣传渠道，比如微博、微信公众号、抖音、小红书等当下大众最广泛接收信息的渠道。不少客户都是从这些社交渠道了解到了美学知识和价值观，并被其吸引为企业的客户或合作伙伴。

"一人一公司",主要体现在于文红的企业发展方法上。

第一,通过IP的影响力发展企业。在创立虞美人这个品牌之前,她在一家美容院打工,那时她就非常懂得塑造个人的影响力。因此,创业之前她在业内就颇有名气,拥有不少的支持者。当她自主创业后,这些最初的支持者就成为虞美人的第一批消费客户,为虞美人的后期发展起到了地基作用。

第二,当品牌正式步入轨道后,她不仅在技术上说服客户,更是通过核心价值观来打动客户。所以,许多客户成为她忠实的追随者,不仅时时关注她的信息,更是大力支持她的产品。

第三,于文红不仅在客户心中有着强大的影响力,在合作伙伴心中也有着极大的影响力。不少人通过于文红这个IP,看到了美学行业的发展前景,纷纷加入到其中,成为美学行业的一份子。

适应力强

个人IP打造其实就相当于"一人模式",而"一人模式"也就是IP打造者自己当老板,所以他为了对自己的职业道路负责,会努力适应各种不确定性变化,并积极战胜它。

比如于文红为了做好自己的企业,不断学习新知识、研究新技术,以应对美学市场日新月异的变化,使个人IP以及企业始终站在行业前端,不被淘汰。此外,在面对各种困难时也无所畏惧,积极地寻找解决办法。她也曾遭遇极大的事业挫折,亲朋好友都在劝她放弃,但她却始终坚持,最终不仅顺利了渡过难关，更是推动了企业进一步发展。

自主性强

相比于规模宏大的成熟公司，IP 总的来说只是围绕"IP"一个人来运转，从决策到执行都由 IP 打造者来决定，决定好了就可以做，不用经过繁复规则的制约，也不用经过层层流程的审批。

于文红旗下的品牌都是围绕"于文红"这个 IP 运转，她对自家品牌的发展有着绝对的自主性，包括技术创新、管理变革、企业扩张等，而且成本极低。

在人人都可以成为媒体的环境下，打造一个 IP 只需要一台手机、一个账号就能执行，无须 IP 打造者投入大成本，只要做好信息内容就能成功，不仅能给 IP 打造者个人带来极大的利益，也能极大推动企业的发展，这也是 IP 打造行业能蓬勃发展的原因。

于文红之所以能成为个人 IP，虽然不是通过互联网平台，而是先在客户群中打造自己的影响力，然后通过一场场活动、一次次的观点输出来打造个人 IP，但本质都相同——用最少的成本撬动最大的利益。相比于其他运营企业的方式，用企业家个人 IP 带动企业发展已是操作最为简单、成本投入最低的方式。

3.3 在互联网时代个人IP的五个重要性

从各大媒体平台中不难发现,现在越来越多的人在打造个人IP,而且相当成功。我们要思考的是,为什么个人IP会在互联网时代得到蓬勃发展呢?这是因为互联网给信息带来的变化所致。

第一,互联网传播速度的实时性,让大众能第一时间得到最新的信息,因此IP打造者的信息能被受众第一时间看到。

第二,互联网能呈现海量的信息内容,在以前,信息的传递只能靠电视或书籍刊物,承载量有限,但互联网上的各大平台却能承载海量的信息,所以IP打造者的信息内容不会受到篇幅桎梏,导致无法充分展现自己。

第三,互联网信息形态的多媒体性。互联网的信息传播可以通过文字、图片、声音、影像、动画等各种符号形式呈现,这给了IP打造者更广阔的呈现空间。擅长文字的可以通过文字打造IP,比如六神磊磊;擅长图片的可以通过图片打造IP,比如同道大叔;擅长影像的可以通过影像打造IP,比如于文红。

第四,互联网信息检索的便利性。在以往,我们要获取信息只能通过电视和书籍，电视的信息呈现是规定内容和时间的，而书籍却受限于载体，如果进行特定主题搜索，工作量不小，且时间成本较高。但在互联网时代，大众要获取哪个信息，只需要登上手机在某个平台搜索即能出现，不受时间、空间的限制。

第五，互联网信息传播的广泛性。互联网信息的传播不受空间的限制，只要没有被"屏蔽"，就能传播到世界任何有互联网的地方，而这给IP打造带来极大的帮助，只要内容够好，就能吸引来自全世界的关注，获得极高的人气。

可是互联网出现的时间并不短，但为什么IP打造却在近几年才火热？是因为现在人们意识到了IP打造的五个重要性。

第一，对个人的重要性

IP对个人的重要性，体现在很多方面，前文已经有过叙述，这里就从创业角度来说。在近年整体经济下行、资金日趋紧张的宏观环境下，创业的趋势也在往轻资产方向转移，因此以轻资产为核心的互联网就成了很多人的选择。而要进入互联网，谁先拥有了IP，谁就有了先发资本。因为个人IP自带粉丝，而粉丝对个人IP有着极高的信任度，创业者如果以IP载体进行创业，就可以把这些粉丝直接转化为种子客户以及口碑传播者。

第二，对企业的重要性

如今，越来越多的企业创始人在打造个人IP，让他们从幕后走向台前的原因之一是因为个人IP对企业发展带来了极大的推动作用。比如对客户的消费引导作用。商业入口从商品变成了现在的人，消费的基础是信任，而个人IP自带的信任体系可以有效引导客户下单消费。就比如董明珠，在2020年5月10日的一场直播卖货，她依靠自己一个人的影响力，在3个小时能成交额就突破了3.1亿元。

第三，对客户的重要性

客户在购买一件东西时会考虑的最大因素是什么？自然是信任，只有信任一个品牌或是亲朋好友的推荐，我们才会去购买。但是如果我们要购买一个新品牌的产品，但这个品牌还未建立信任体系，身边的亲朋好友也尚未使用过，那要如何下定决心购买呢？我们肯定是会参考关键意见领袖的推荐。

比如因为某个明星名人的代言，因为某个行业领域博主的推荐，或者是该品牌创始人的IP影响力，我们先信任了这个品牌的创始人个人IP，才会去信任这个产品。比如我们要提升自己的外貌时，为什么要选择虞美人，原因是其创始人于文红在该行业有着极大影响力。

第四，对家庭的重要性

女性是不是会经常听到老公说的这么一句话："工作的事情你又不懂！"或者是儿女的一句话："妈妈不要老是发脾气或者啰嗦好吗？"

女性可以通过"美丽价值观"打造的IP解决以上问题。女性可以通过IP变现提升经济自由，通过内外条件的提升变得更加自信，拥有了不抱怨的情绪，给孩子带来积极的正能量；有了更高的眼光和思想，可以与老公以及家庭其他成员更好地沟通……如此，可以让家庭关系更加和谐。

比如伊能静，虽然经常因为输出自己的观点而备受争议，但她却是众人眼中不折不扣的"贤妻良母"，受儿女爱戴，受老公尊重，也得公婆喜爱。根本原因就是她有着强大的IP影响力，她的眼界高、思想有深度，可以为老公的事业提建议，能控制好自己的情绪、掌握正确的沟通方法、有着正确的人生价值观，可以与儿女进行良好的沟通；高情商的同时又懂得人情世故，能与公婆和谐相处。

第五，对社会的重要性

个人IP是社会信任的防火墙，许多时候其他社会结构对另一个社会结构的判断往往就会受到"个人IP"的影响。比如许多国家看中国，看中国品牌，就会通过一些有影响力的中国人的行为品格去做判断。比如孟晚舟，一些国家和人民通过孟晚舟身上坚韧不屈的品质，看到了中国的坚韧不屈，更看到了华为这个品牌的民族精神。

3.4 打造个人IP的过程就是老板用用户思维重新梳理企业的过程

传统企业一直是中国实体经济的支柱产业，但是近些年却爆发了生存危机，主要是因为资金成本高、产能过剩、劳动力短缺、经营成本提高等问题一直未得到解决。不少企业都在想办法提高企业本身的竞争能力，但即使不断提高产品品质、持续提供优质服务，问题还是无法得到根本解决。

难道产品和服务不是企业生存之本吗？为什么我们坚持这么做，但效果还是不理想呢？产品和服务当然是企业的生产根本，只是传统商业思维已经不适用这个时代，这个时代是"用户为王"的时代，是"流量之上"的时代。如果想让企业在新环境中破局，企业家就要把握个人IP来获取用户。不过，要想用IP来获取用户、获取流量，企业家就要懂得用用户思维来经营企业。简而言之，打造个人的过程就是企业家用用户思维重新梳理企业的过程。

这一点，农夫山泉创始人钟睒睒深有体会。农夫山泉是一家地地道道的传统企业，与其他传统企业一样，它也面临着产品优良，但却被其他企业抢占市场，知名度越来越小的问题。而作为创始人的钟睒睒也始终相信只要自己的产品好且渠道足够广，终有一天会被人认可。但事实证明，这个信念在如今这个"用户为王，流量之上"的环境中是不合适的。为了改变这个现状，钟睒睒也一直在寻求解决的方式，后来他意识到了广告推广的重要性。于是投入大量的成本推出了"农夫山泉有点甜""大自然的搬运工"等优质广告片，效果确实很不错。但是广告推广的成本极高，这占据了企业太多的利润，长年累月下，企业的压力也越来越大。

钟睒睒意识到这不是长久之计，但一时也苦无他法。直到有一天，他意识到了商业环境的变化。但是如何吸引用户，获取流量呢？难道还是老传统——投广告吗？事实证明这个方法无用。在IP的概念越来越被人认识并使用时，钟睒睒也找到了解决方案——打造个人IP。

钟睒睒像大多数中国传统企业家一样，低调朴实，并不喜欢在聚光灯下被关注，更认为自己出面推广产品和做广告，不就是重新回到销售员的时代了吗？但是，认识到个人IP的影响力后，他改变了想法。在他看来，站到幕前，把自己打造成与企业深度捆绑的IP，可以用最低的成本提升企业知名度、推动企业产品销量、促进企业发展。

于是本来低调的钟睒睒开始改变，他参加各种行业会议、进行各种演讲、建立自己的自媒体矩阵、输出自己的观点……而最后的结果证明，他的选择和结果是正确的。

我们从钟睒睒身上看到了个人IP对传统企业的改变、对传统老板思维的影响，但是具体该如何操作？我们接着往下看。

重新梳理企业的流量获取模式

打造IP的目的之一是帮助企业获取用户，而获取用户的目的之一是获取流量。流量的作用是无比强大的，它是企业赖以生存的基础。不管是传统生意还是互联网生意，其本质都是流量，不是品牌为王、门店为王，是流量为王，只有先有流量才能成就品牌。打造IP的目的就是吸引流量，最后将流量转化给品牌。

（1）企业驱动源的改变。如何吸引用户呢？以往是技术，但现在更注重精神享受的用户们认为"体验比技术更重要"。在用户价值时代，不是技术驱动决定一切，而是用户体验驱动一切。

（2）流量获取模式的改变。以前的流量模式只要门店够大、招牌够亮、广告够多，就能获得流量，而这个流量的获取需要依靠两点：一是技术至上，缺点是不擅用户体验；二是渠道独立，缺点是不擅长流量运营。

现在的流量模式是内容为王，而内容则需要企业家个人观点的输出，它是所有内容发生的源头，但是用户如何才会接受企业家的观点呢？这就需要企业家打造个人IP。

重新梳理企业产品打造模式

在以往，企业在打造产品时更注重的是技术和质量，当然这也是当下企业打造产品应该注重的。可是现在是科技时代，除了一些特有企业，技术已经不是企业能有恃无恐的仰仗。就像是手机品牌，大多数的手机品牌在技术和质量上都没有太大的差别，客户要选择哪款品牌，就看他对哪款品牌的体验感更好。也就是说，当下企业打造产品的模式要从技术和质量为王转变为用户体验，但需注意，技术和质量也是用户体验的一部分。那除此外，如何才能打造让用户有体验感的产品呢？可参考以下两点。

第一，找痛点，需掌握以下三大行动工具：

（1）找一级痛点。只有抓住用户最痛的一根针，才能使用户对产品有最深的体验感。用户痛点就像是金字塔，分为一到七级，只有第一级的痛点才能驱动用户产生最大的购买欲，并在解决完痛点后，对产品有最深的体验。具体操作分为三个步骤：

一是找到目标用户群体，否则你找出的痛点将毫无意义。

二是通过各种大数据，找到用户隐藏很深的需求点。

三是解决一级痛点的方案要符合操作简单、易上手、难精通三个要求。

（2）寻找市场风口。风口就是国民性的痛点，如果只是小众的痛点，是很难让企业产生利润的，风口一般需要符合三个要求：一是又肥又大；二是高频消费；三是可标准化执行。

（3）用数据拷问。如何证明是用户痛点呢？这不能依靠企业的经验，而需要通过大数据的验证，具体操作方法可根据企业的实际情况做选择，但一般要符合三点：使用关键用户数据、进行纵向和横向对比、对数据进行细分和溯源。

第二，尖叫点。尖叫点指的是产品的口碑指数，传统商业思维下的企业获取尖叫感是通过各种营销手段，如赠品、免费、促销等，但真正的尖叫点不是营销出来的，而是产品的体验感超出用户的预期，让用户因为体验感而自动发出的尖叫声。什么是超出预期？就是在一星餐厅享受到了五星级的待遇。打造尖叫感具体可通过以下三个方式：

（1）提升病毒系数。病毒系数就是当用户在使用一个产品时，用户因为产品的良好体验而分享给另一个用户的概率有多大。

（2）让用户有更好的体验感。这个体验感可以体现在产品使用的流程里，就比如苹果系统，它因为比其他系统更为流畅的操作流程，让用户获得了更好的体验感。

（3）与竞品对标类比。是指你的产品的体验感远高于其他的产品。苹果为什么能有这么多忠实用户？就是因为它的体验感远超同类产品。

重新梳理企业粉丝养成模式

传统企业获取粉丝的方式大多数是靠门店、靠渠道、靠广告，而如今的企业获取粉丝的方式则是依靠IP。但罗马不是一天建成的，IP也不是一天就能打造成功的，需要掌握正确的实现路径。

一是拥有一个核心族群。核心族群的作用就是打造榜样的力量，用小众影响大众。打造个人IP的目的就是为企业找到核心族群，用个人IP的粉丝去影响大众用户。

二是让用户拥有参与感。用户的参与感是一种能量交换，用户通过参与获得了好的体验感，自然就会成为企业的粉丝，并成为企业的口碑传播载体。打造参与感可以参考小米的三三法则，三个战略：做爆品、做粉丝、做自媒体；三个战术：开发参与节点、设计互动方式、扩散口碑事件。

三是进行事件营销。进行事件营销，首先要通过IP的核心粉丝群，让他们成为能引爆事件的意见领袖以及榜样代言人；其次寻找合适的传统通道，比如借势社会热点事件、借助明星的影响力、借助社交分享平台等；最后打造流行文化，病毒式营销是打造流行文化的最好方式。

3.5 企业IP的成功从个人IP开始

打造个人IP的目的是推定企业的发展，企业品牌要想在短时间内获得成功，最好的办法就是从成功打造个人IP开始。反向思考，判断个人IP能否打造成功，最直接的判断标准就是能否给企业带来帮助、带动企业发展，如果不能，就代表个人IP的打造是失败的。具体主要体现在以下四个方面：

个人IP带动企业销量

不管是企业创始人，还是企业其他成员，如果他们以企业为标志，成功打造了个人IP，那么他们就能像带货主播一样，直接带动企业产品销售量。为什么？其实这个道理就和企业请明星代言产品一样，其目的就是想通过明星的影响力提高产品的知名度与销售量。当个人IP也有了明星一样的影响力后，自然也能和明星一样为企业提升知名度和销售量。

这一点在格力董明珠身上体现得尤为明显。董明珠在参加博鳌亚洲论坛2021年年会对直播带货发表看法时说："对于直播是完全投入其中，并不会觉得累，反而觉得它是一种幸福，自己最高一场带货销售达到了100亿。"

关于这一点，董明珠并没有夸大，有数据统计，2020年董明珠总共进行了13场直播，带货金额达到了476亿元，这远超于请一些明星代言或直播带货主播的成绩。

董明珠一个人就为企业带来了如此大的销量，这就是个人IP对企业发展所起到的推动作用的最佳证明。

个人IP形象升级带动企业品牌形象升级

个人IP的形象是与企业品牌的形象紧紧捆绑在一起的，对于拥有强大个人IP的企业来说，其个人IP形象的好坏会直接影响企业股票，这一点已经被验证过无数次。不少人众熟知度较高的企业创始人因为负面新闻，直接导致企业股票狂跌的新闻不在少数。个人IP形象既然会对企业产生负面影响，自然也会产生正面影响，个人IP形象越高级，企业品牌的形象就越高级。

就像福耀玻璃的董事长曹德旺，以往，如果不是从事相关行业的人员，对于福耀玻璃这个企业品牌可能并不熟知，但是自从董事长曹德旺站到幕前，成为人人皆知的强大IP后，福耀玻璃这个企业品牌名称就被众人所熟知。

福耀玻璃这个品牌原先在大众心中的形象就是"一个能在海外生存且能生产好玻璃的企业",但是曹德旺爱国且具有高度社会责任感的个人形象,也直接映射到福耀玻璃这个品牌上。如今的福耀玻璃在大众心中的形象代表了中国技术领先的民族品牌。从功能上的好感形象到情感上的好感形象,福耀玻璃的品牌形象升级的不是一星半点,足以见个人IP对企业品牌发展的积极影响。

人才因个人IP影响力而来

个人IP形象是企业整体品牌形象的代表,如果没有良好的IP形象,企业就很难吸引留住好人才。

华为为什么能成为这么强大的企业?是因为华为聚集了一大批顶尖人才,而这些人才都是被任正非的人才观吸引来的。任正非女儿孟晚舟在清华大学演讲时曾说:"华为不按学历,按价值和潜在贡献定薪,牛人年薪不封顶。"任正非对人才从不吝啬,不仅给高薪,还给股份,他把华为企业99%的股份都给了员工,而自己只留下1%。

任正非成为"IP"后,更多的人知道了华为企业,也有更多的人知道了他的人才观,于是越来越多的人才涌向了华为。

除了能吸引人才、留下人才,个人IP还可以为企业管理好人才。大部分的企业管理员工都是靠规章制度,但这是对整体的企业而言,对于一些特殊人才,规章制度是管不住的,而更多的是要依靠管理者个人IP的影响力对其进行引导、约束。

就像当初马云初创业时,他一贫如洗,但依靠强大的个人魅力吸引了

"十八罗汉",而这些在各行各业都是顶尖的人才并不是好管束的,每个人都有自己的价值观与行为方式,但是他们无一不听从马云的决定,支持他的任何决策,其最大的原因就是马云通过自己的影响力向他们传输了自己对市场、对企业的观点,最终让他们信服。

个人 IP 可引来投资人

成为个人 IP 后,对企业带来最大的价值变现就是吸引投资人的关注,从而为企业发展获得助力。这也是许多企业创始人为什么要打造个人 IP 的原因,尤其是初创型的企业。初创企业处于起步阶段,前进的每一步都需要资金支持,而初创企业不缺人才也不缺技术,缺的就是资金,且苦于没有获得资金的渠道。而一旦个人 IP 打造成功,就能吸引到投资者的关注,只要企业有可行的商业模式,投资人就能主动前来投资。

这一点已经在无数个人 IP 打造者身上验证,比如罗振宇,他通过《罗辑思维》这个知识栏目成功打造 IP 后,就吸引了不少投资者的关注。比如 2015 年 10 月 20 日,他对外宣布其主导的《罗辑思维》完成了 B 论融资,估值 13.2 亿人民币;比如抖音名称为"醉鹅娘小酒馆"的"王胜寒",在抖音上通过科普和介绍各种酒产品,成功打造个人 IP 后,在 2021 年为其公司"醉鹅娘"完成了由沣途资本独家投资的数千万元 A 轮融资。

个人 IP 价值决定企业 IP 价值

从百达翡丽这个案例身上我们看到了一个用价值撑起价格的传奇品牌案例,但除此外,一个有价值的品牌,还要看其创始人 IP 是否有足够大的影响力。

第一，个人IP关联企业IP特性。一个有价值的企业IP，它必须具备四大特性，分别是差异性、相关性、认知度、尊重度，这四大特性如何形成？就需要靠创始人IP的影响力。每一个人都是独一无二的，每一个成功的IP也是独一无二的，它不可能被他人所复制。因此，如果品牌的创始人IP足够强，那么他可以直接用个人IP去打造品牌的差异化。只要一说出创始人IP的名字，无须再向他人介绍、推销，客户就能明白该品牌与其他品牌的差异以及它的价值所在。

比如世界顶级婚纱品牌VERA WANG，该品牌的身上就深深烙印着其创始人王薇薇的影响力。王薇薇，美籍华裔设计师，以设计结婚礼服而闻名业内，她设计的礼服打破了旧式婚纱的繁复与华丽，以简约、时尚的设计广受时尚界的好评，被誉为"婚纱女王。"1949年出生的王薇薇如今已经72岁，但年龄并没有影响她在客户心中的影响力，客户把她的影响力映射到了其创作的品牌VERA WANG身上，在她们看来，由王薇薇创立的品牌设计风格、设计理念自然和王薇薇一样与众不同。因此，VERA WANG的价格再贵，因为有王薇薇的存在，客户们都会觉得值得。

第二，个人IP关联产品特性。虽然好奇心会驱使人关注新鲜的事物，但好奇归好奇，要想人们主动接受新鲜事物是非常困难的，因为人们对于未尝试过的事物都有防备心理。那么如何才能让产品被客户迅速接受呢？如果企业创始人IP足够强大，那么就可以利用创始人IP的影响力来推广产品。可以毫不夸张地说，创始人IP的影响力越大，客户对新产品的接受速度就越快，认可度也就越高，即使是高价格的产品，只要它的创始人"值得",客户自然也会觉得值得。

比如可以提炼创始人IP的关键词,用提炼后的关键词对产品进行命名,让客户一看到产品名称就知道这个产品是创始人IP打造的,是值得购买和使用的。比如有一个品牌产品被命名为"芳华",这个名字就是该创始人提炼出来的关键词。经过对创始人的调查,发现其美丽价值观、产品需求、产品偏好,都与"芳华绽放"这个词相关。因此,就把"芳华"作为其产品差异化的一个关键词。这就相当于用创始人IP的个人理念、目标客户特性的关键词来打造产品、推动产品。

个人IP形象关联企业IP形象

根据"美丽价值观"理论,我们做品牌定位时,要根据创始人美丽印象逻辑给企业定核心关键词,这个核心关键词就是创始人文化、创始人IP关键词。比如某美学企业,其创始人IP的核心关键词是"钻石",因此企业的品项之一就是"钻石系列"、美学理念称为"钻石美学"、企业文化称为"钻石精神"。如此,就可以将创始人IP形象与企业IP形象紧紧关联到一起。

但任何事物都是相互作用的,企业IP形象要围绕创始人IP形象做策划,那么个人IP形象也要为企业IP形象服务。具体如何操作呢?我们可以从"视觉印象"入手。

视觉符号会对人的心理产生极为重要的暗示与影响,人会从现有的视觉印象中,构建对陌生品牌的印象。因此,企业如果要构建品牌在客户心中的认知,首先就要从视觉印象入手,这也是品牌形象打造的重要原因。

但是不少企业忽略了一点,创始人IP作为构建企业IP的重要因素之一，他的视觉形象与企业的视觉形象也是紧紧关联的。比如企业IP形象是钻石，但是创始人的个人形象却与"钻石"带来的高级感毫无相关，那么客户会信服这个企业吗？当然不会。再比如华为企业，它的企业形象是"艰苦奋斗，低调朴素"，如果其创始人任正非的形象却"奢侈高调"，那么谁会相信华为文化，华为所强调的使命呢？

所以，创始人IP形象打造也要配合企业IP的形象。除了行事风格要与企业一致，在重要场合中的外貌形象也要一致，比如在穿衣风格方面就可与企业风格一致。

第4章
个人IP的成功在于美丽价值的觉醒

为什么同样都是打造个人IP，有些人能获得千万粉丝的追随，而有些人却无人问津？

为什么同样都是在打造个人IP，有些人能一直被关注，而有些人却像流星一闪即逝？

为什么同样都是在打造个人IP，有些人打造得那么轻松，而有些人却困难重重？

这其中的差别就是因为后者没有意识到个人IP的成功在于美丽价值的觉醒，并掌握觉醒美丽价值的方法。本章就是告诉读者如何通过觉醒美丽价值打造成功IP。

4.1 个人IP的核心本质就是个人价值的外在呈现

她一开始说话，本是嘈杂的人群就立刻安静了下来；她一站在演讲台上，所有的目光都聚集在她身上；她一输出某些观点就被疯狂追捧；她一推荐某个产品就会引起购买狂潮……我们都或多或少认识这样的人，他们的存在就足以引起我们的尊重、钦佩，甚至是我们的追随，这种人就是成功的个人IP打造者。

为什么个人IP打造者能有如此大的影响力？为什么我们这么追捧IP？其实原因就是我们看到了这些人的个人价值，被他们的价值所折服。其实，个人IP的核心本质就是个人价值的外在呈现，当你成为IP时，你的价值就受到了认可，反之，当你的价值呈现出来后，自然而然你也能成为一个IP。

娇兰品牌主营香水、化妆品、保养品，香水品种超过了300种，曾位列《2018世界品牌500强》榜单，更是香水界里的翘楚，为法国大部分王室成员的御用品牌。

娇兰这个品牌之所以能这么成功，其最大的原因就是他的创始人皮埃尔·佛朗索瓦·帕斯卡尔·盖尔兰·娇兰。人们是先认可了他才认可了他所创立的品牌。

皮埃尔·娇兰是国际著名的香水大师，在整个欧洲香水界有着独一无二的地位，单是使用他旗下香水的名人就数不胜数，其中包括欧也妮皇后、维多利亚女皇、奥地利皇后希茜、大文豪巴尔扎克。

为什么这么多在社会上有名望的人物都对他如此看重？其实就是因为皮埃尔娇兰在他们面前展现了自己在香水方面独一无二的个人价值。

皮埃尔娇兰曾去英国留学学习化学，而且本身是医生和药剂师，因为对香水的热爱，他凭借着自己在化学和医学方面的知识开始研发香水，经过反复试验及大胆的创新，终于研发出不少独特的香水味道，且在巴黎开设了一家香水专营店。

虽然当时已经开设香水店，但毕竟只是新人，外界对他的认可并不高。为了能让大众看到自己在香水方面的专业，他开始尝试将他的香水产品个性化，为某个特定的人物或场合专门调配香水，这种专属于自己味道的香水产品迅速拴住了一些香水爱好者的心。

专业的知识储备、惊人的香水天赋、独到的香水理念使整个欧洲的人们都看到了皮尔埃·娇兰这位香水大师，下至平民上至皇室成员都成为他的追随者，而他在香水方面的影响力也直接成就了娇兰这个品牌。

皮埃尔·娇兰的成功是因为他在香水方面的价值被人看见，那么我们在打造个人IP时，又如何将自己的价值呈现出来，获得大众认可，从而成功成为IP呢？

打造实绩，让自己的专业能力被认可

要想成为IP，那么就一定要有在某个行业的专业能力。但是专业能力这个东西如何才能成为自己的个人价值，被大众所看到呢？这不是你把学历展示出来、企业职位展示出来，或者自己说自己有多厉害就能得到认可，它需要"实绩"来证明，也就是能体现专业能力的作品。

这就像我们去面试一样，如果你要应聘某个职位，如何才能说服招聘方应聘你？这就需要展现自己在这个职业领域的价值，而展示的方式就是你曾经做成功的项目，否则就算你的简历写的天花乱坠、面试时应对得如何精彩，也难以说服对方，因为对方看不到能证明你价值的作品。

为什么皮埃尔·娇兰能成为香水大师，被众人认可，就是因为他拿出了"作品"来证明了他在香水方面的能力，比如他研制的"皇家香露"，这款产品帮他得到了欧也妮皇后的欢心，也因此被指定为皇家御用香水大师。

做好宣传，让自己的价值被更多人知道

我们一直在强调"现在不是酒香不怕巷子深"的年代，要想被人看见就要懂得宣传、擅长营销，想要自己的个人价值被更多人看见，从而成为IP，自然就要做好宣传推广工作。

互联网的兴起，增加了许多传播渠道与机会，更是为个人IP的宣传提供了良好的舞台。个人IP打造者唯一要做的就是如何把这些宣传渠道合理利用起来，产生最好的传播效果。

常规的内容宣传平台比如微信公众号、今日头条，视频平台比如爱奇艺、优酷、哔哩哔哩，短视频平台比如抖音、快手，社交平台如微博、小红书等，这些都是宣传个人IP的主阵地。IP打造者可以根据实际情况选择合适的平台展现自己的个人价值，比如擅长写作输出的可以选择微信公众号、今日头条发布文章，展现自己在某一方面的专业能力；擅长视频制作的可以在抖音、快手展示自己的个人价值。不拘于哪种方式、哪个平台，只要能把你的个人价值最大程度地呈现出来即可。

当然，线下也有许多渠道，比如各种行业大会、行业沙龙等，IP打造者们可以通过演讲来对自己的个人价值进行宣传。

4.2 个人IP的定位要与自己匹配

行业竞争越来越激烈，同类IP越来越多，但是大众在选择IP时只会第一时间想到记住的两三个，并从中去做选择。比如我们想获得美学知识，一提到艺术面雕，第一时间就会想到于文红；想看现代女性如何管理好企业，第一时间就会想到董明珠；想对当代商业环境有一进步的了解，就会第一时间想到吴声。那么，我们如何做到在茫茫IP海洋中，打造一个被大众想到的IP呢？这就需要做好定位工作，拥有让大众一眼就能记住的定位特征。

在做个人IP定位之前，我们首先要了解什么是正确有效的定位。正确有效的定位含义其实很简单，就是个人IP的定位要与自己匹配。

不少人在看到其他人的IP定位火了，也把这个IP定位套到自己身上，比如××会长、××领域开创者。每个人都有每个人的特色，别人的定位放在你身上可能并不合适，而且也无法差异化吸引客户，还会因为模仿他人被认为是"抄袭者"，得不偿失。

所以，要做好个人 IP 定位，首先它要符合自己的特色，与自己高配。如此，既有差异点引人关注，又不会轻易被他人模仿，最为关键的是足够"真实"，不用担心后续 IP 崩塌的问题。

比如我们策划的一位 IP，她的个人 IP 定位是"科学年轻艺术家"，之所以有这个 IP 定位，是根据她的特质上提炼出来的。

第一，是行业权威。她是医院院长、并在众多医学学术领域拥有多项认证。

第二，个人成就表现亮眼。她是中国美容与整形行业的最高荣誉"白天鹅"奖得主。该奖项由中国医师协会美容与整形医师分会设立的。2007 年 3 月叶立凭借精湛的专业技术、超高的审美能力，斩获最高荣誉"白天鹅"大奖、优秀整形医院院长奖、优秀中青年美容与整形医师奖三项殊荣。

第三，拥有独特的专业优势。整形外科医生很难掌握私密专业的技术与审美；妇科医生做整形外科，又缺乏整形外科的精细化和审美的标准。但她是 7 年妇产科专家、15 年整形外科专家，是行业内极为缺乏的双专家；

第四，有着自己的个人核心价值观点。如何变得更美，什么才是美？如何利用自己的专业能力把人变美？我们也为她总结并提出了专属于自己的独到观点。她认为"科学，就是用最舒适的技术、性价比最优的方案，从根源解决你的衰老问题""年轻化，是全方位的，一个人年轻的标准并不是指脸上没有皱纹，而是应该包括容貌年轻、体态年轻、心态年轻、性器官年轻，使整个状态回春"。

第五，把自己打造成年轻代言人。再好的职业背景、专业能力、价值观点，没有案例支撑，是很难说服客户相信自己的。要让客户相信 IP，不是把自己说的多好，而是从自己做起，让客户一看到你就相信你是专业的。为此，她甘愿做小白鼠，体验了许多创新项目，让自己成为"年轻代言人"。

根据以上五点特质，我们才为她设定了"科学年轻艺术家"的个人定位，这个 IP 定位是根据她的独特特质所提炼的，它有着三大优势：一是与行业内其他 IP 有明显区别；二是不容易被人所复制；三是符合自己的真实情况，不会因为出现"人设崩塌"危机。

IP 定位相同的人并不多，而失败的人根本原因是没有找到正确的方法。什么是正确的方法呢？

方式一：根据自己的需求做个人 IP 定位

在给个人 IP 做定位之前，首先要问自己有什么样的需求？比如我有一个美业行业的企业家朋友，她在做 IP 定位时就提出了这样一个问题："在美业从事多年，也打造了自己的品牌，但是品牌的目标依然不清晰，品牌形象更是缺少高级感。"根据这个问题，我们就可以得出他打造 IP 的需求是：通过个人 IP 的打造确定品牌发展目标，提升品牌形象。根据这个需求，那么在打造 IP 定位时，就不能以"接地气"为人设，而是要走高端路线，同时定位要以品牌未来的发展目标为核心点。

方式二：根据自己的愿景做个人 IP 定位

在做定位时一定要问自己："你想成为什么样的 IP？"简而言之，你想成为或变成什么样的人？可以先给出一个大致的方向，然后再给方向做一个阶段性的规划，比如 5 年之后你希望自己是怎么样的 IP，希望自己的品牌在行业里有一个什么样的地位。只有这样，你的 IP 才能够具备稳定性和成长性，能按照自己的"喜好"一步一步地执行。

方式三：根据自己的能力做个人 IP 定位

一个能长久维持生命力的 IP 是需要不断输出的，那么如何保持持续输出呢？前提是这个"输出的内容"是在自己的能力范围内。所以，我们在做个人 IP 定位时一定要根据自己的能力做选择。比如你的定位是"美妆达人"，那么你就必须对美妆品牌、产品质量都有全面了解；比如你的定位是"学者"，那么必须要有深厚的知识底蕴；比如你的定位是"企业管理培训师"，那么你就要在企业管理上有丰富的经验及高超的能力，且有一定的成绩做支撑。如此，把个人 IP 定位在自己的能力范围内，自然就能保证长久持续地输出。

方式四：根据自己的职业做个人 IP 定位

什么样的 IP 发展方向是自己最得心应手的？

什么样的 IP 输出是不会让自己因缺乏素材而困扰的？

什么样的 IP 标签是最能让大众信服的？

就是——根据职业而做出的个人 IP 定位。

比如叶立的个人 IP，其中一个很重要的定位依据就是来自她的职业。个人 IP 如果有着丰富的职业经验与背景，那么不管是内容输出还是信任构建都会变得简单。

不过根据自己的能力做个人IP定位时可能会遇到这样的问题，虽然自己职业表现不错，但却因为某些原因，比如低学历，导致客户不信任自己并认为你没有这个行业的学历背景，怎么可能会了解这个行业。

这是不少人都会遇到的情况，比如一个创业家，能力强、职业背景深厚，但是因为学历低，许多人对他的信任度不高。于是他就用非常昂贵和夸张的鞋包服饰来包装自己，希望以此获得客户的认同，但效果却不明显。

后来他找到专家重新梳理了自己的定位，之前他的定位是专家型，而专家型定位不仅需要深厚的职业背景，更需要过硬的学历。梳理之后，他将个人IP定位转变成分享者。他向客户分享自己的励志故事，向客户展示自己如何一步步学习和提升才成就了现在的自己，并向客户表示他们也可以做到。此后，客户对他的质疑渐渐减少，并逐步认可了他的专业度。

方式五：根据市场差异做个人IP定位

我们一直在强调，如今同质化现象很严重，IP打造市场也是如此。受众认识IP时常常会被其他同类社群所迷惑，根本分不清谁是谁。如果你的个人IP无法在受众心智中留下印象，那么你的个人IP就永远不可能打造成功。所以在做自己的个人IP定位时一定要寻找"市场差异"。

寻找市场差异时可以参考以下两个方法：

寻找目标受众的空位。比如从受众的性别、职业、年龄、爱好、标签入手，将受众的属性特征进行组合，然后从中寻找到还未被他人占有的目标群体，然后将其作为自己的个人IP定位。比如我自己，我工作中负责对接的事物也比较多，因为做策划需要对营销、品牌、医学专业、市场、消费心理、艺术、文案、舞台编导、影视导演等有很广泛的认知。十多年以来我一直服务B端，而且是B端中的中高端企业和中高端企业家，并且在他们当中有较高的评价和认知。但是我考虑到自己未来5-10年的规划，只有占领C端用户心智，才能更好地给B端赋能，所以我通过分析自己的特长，以及B端和C端中的连接点，来为所有B端客户搭建政策策划案。同时C端客户更加需要美丽价值，我相信"选择、聚焦、击穿"，只有找到最简单的关键词，并且高度聚焦，给IP造成的影响力和传播力才是巨大的！

4.3 外在美丽印象：形象、审美、容貌、体态、习惯

美丽印象有三个维度：一是取悦自己，让自己更舒适；二是给自己带来阶层的提升；三是知行合一，自我提升并自我满足后，达到内心的愉悦。只有满足这三个维度的美丽印象才能成为真正IP。但是如何满足呢？这需要通过学习美来完成。

IP变美不是为了单纯变美，是为了把IP打造成榜样，从而带动员工、带动客户。通过IP的亲自体验，给产品研发和舒适度改善提供灵感，为客户提供最好的美学产品；通过拥有的高纬度的美学理念，为IP的营销

和品项，提供新的思维以及文化理念高度。如果只是停留在卖产品的思维，客户只会跟同行比较价格，但是如果有高度文化理念作为支撑，客户买到的是体验、是感受、是故事、是自己未来的生活方式。如此，就能够对同行造成降维式打击，从而让企业拥有核心竞争力。

但是如何学习美呢？首先就是完成"美丽价值"的第一个阶段，打造高标准的外在美丽印象，回答"我为何出众"这个问题，从而达到IP被关注、被认可的目的。

外在美丽印象构成一：形象

形象不是流行脸、网红脸，而是整体的和谐，这里的形象其实不止"长相"，而是整体的印象，包括穿衣打扮、发型妆容、言行举止……等各方面整体呈现的个人形象。

如何提高自己的个人形象呢？首先要明确认知："形象的提高不是简单的妆容和服装的选择，而在于如何结合个人的价值定位去做匹配，让妆容、服装、个人的行为举止在不同的场景下能够给自己起到加分的效果"。

企业家如何提升自己的个人形象？首先，就要根据自己的个人IP定位去做妆容、服饰、言行举止的搭配。比如孟晚舟，她的个人IP定位是优雅大气、坚强睿智的中国女企业家，那么她的形象打造就要符合这个定位。所以她的服饰和妆容并不是企业家们常穿的"西装"，而是能体现企业家干练形象、又不失女性优雅的长款连衣裙以及职业套装，其言行举止也是展现了女性温柔且不失大气的一面。让人一看就能感觉"这就是最美的中国女企业家"。

外在美丽印象构成二：审美

虽说"下里巴人和阳春白雪"只是个人品位的选择，但是品味代表着当代大众的审美，是IP目标受众的审美，如果审美差异过大，就很难获得他人的喜欢。

如何提升品位？

第一，改变对美的认知。为什么有些人的"审美不高"？是因为大部分人用价格去衡量自己的美，认为自己买到贵的东西就是美的，戴上价格高昂的奢侈品就是美丽的。但并不是所有奢侈品都能给自己带来美，而是要看产品的品类。

第二，阅读大量优秀作品。提升审美品位，需要我们经常去欣赏美，去收集大量的高质量作品，然后去认识、理解，久而久之，审美品位自然能提升。就像是经常阅读时尚杂志，了解各类时尚信息，那么在穿衣打扮方面的审美品位自然也会得到提升。不过需要注意的是，任何事物都有两面性，优秀的审美作品也是一样，在学习相关知识时，一定要懂得辨别，取其精华、去其糟粕。如此，你的审美品位才能得到提升，否则学习再多也无用。

第三，结合个人IP定位去学习美。我们提升审美的目的是打造IP，因此提升审美就是为个人IP所服务，要针对IP所服务的行业，有针对性地进修一门艺术类的课程。比如美容行业的IP，就要学习美学、美的发展历程、各国审美标准等方面的知识；比如服装行业的IP，就要去学习色彩搭配、妆容饰品配合等方面的课程。这种围绕个人IP的审美学习，可以直接为后续IP的品项系统、成交系统作赋能与加分。

外在美丽印象构成三：容貌

虽然我们不唯"长相论"，但是长得看好的人确实会比较受欢迎且得到优待，所以在有条件的基础上，我们还是要尽可能地提升我们的容貌，不要求"赛若潘安、貌比西施"，但也要让人看得舒服。

修正长相缺陷。虽说我们要崇尚自然美，但是如果因为一些长相缺陷而影响到个人的整体形象，那么我们也可以通过现在的一些科学技术去修正它，比如龅牙、脸上有疤痕等。

方式二：通过化妆提高颜值。许多人崇尚"自然美、崇尚素颜，拒绝化妆"，但是化妆不仅可以提升美丽值，也是一种最基本的社交礼貌。比如我们要去见一个客户，如果你素颜，脸色发黄、唇色发白，一看就没有精气神，那么客户会产生什么样的感受？肯定是觉得你对自己不够尊重。尤其是企业家，企业家的形象之一绝对是包含"干练"的，而合适的妆容则能加深这种"干练"的形象。

外在美丽印象构成四：体态

保持健康美好的体态。过瘦、过胖的身材都不适合，不仅穿衣不好看，更会影响个人吸引力。过瘦让人产生无亲和力的感觉，过胖则会让人产生缺乏自制力的负面印象，更是会影响个人健康。同时，一个人的体态也会影响整体的外在美丽印象。比如一个企业家要上台演讲，却弯腰驼背，那么他演讲时的气场自然会大打折扣；比如一个健身行业的IP向客户介绍自己的健身项目，但是自己的体态却不够标准，那么他的项目绝对不具备说服力。

外在美丽印象构成五：习惯

习惯的好坏决定着你将来能过什么样的生活，也决定你能成为一个什么样的人。能成为 IP 的人绝对是优秀的人才，而优秀的人才不是天生的，而是后天一步一步养成的。那如何能养成呢？这就需要养成好的习惯。比如想要成为某个领域的 IP，就要学习这方面的专业知识，而只有好的学习习惯才能学到知识；比如想要保持良好的身材，就要长期保持好的饮食和运动习惯；比如要成为一个言行举止得体的人，更是注意一言一行，才能在日常生活中自然而然地体现得体。

4.4 内在美丽印象：观点、逻辑、能量、格局、气场

外在美丽印象只能让你达到 IP 的初级阶段，IP 要进一步发展就要跨入"学习美"的第二个阶段——内在美丽印象，从而达到美丽价值的中级阶段——回答我是谁的问题，达到彰显自己的目的。也就是说除了外表外，更要有才华、有独立的思想、有正确的价值观，只有如此才能彰显出自己的个人魅力，让大众知道你是谁？你是做什么的？你能给他们带来什么价值？最终获得他人的认可、尊重和追随。

内在美丽印象构成一：观点

我们在深度评价一个人时通常都是看他评价事物的角度和观点，观点

越独特的人，通常都会得到"有思想有深度"的正面评价。要知道如果没有自己的思想，就算再美丽，也只是一个"木头美人"，空有外表，没有灵魂。所以，要提升自己的内在美丽印象首先就要从"观点"入手。

比如叶立，为什么客户会信任她的个人IP，很大一部分原因就是她拥有独特的个人价值观点。

比如谈起如何科学地变美，她认为："不做改头换面，只做你年轻时的脸，让衰老速度变慢5-10倍。"

比如对待青春的看法，她认为："年轻化，是全方位的，一个人年轻的标准并不是指脸上没有皱纹，而是应该包括容貌年轻、体态年轻、心态年轻，整个状态年轻。"

要相信一个人，首先就要认可对方的理念，就像一个优秀的员工，只有认可一家企业的文化才能真心地为这家企业服务，而不是单单为了"工资"。叶立的个人价值观念就是她展现美丽，获取客户信任的有效方式之一。

内在美丽印象构成二：逻辑

一项调查显示，HR在面试新人时，最看重的职业素质是"逻辑思维"？为什么这么关注这一点，因为任何工作都需要沟通，每个人需要在最短时间内了解情况，把工作交流清楚，因此逻辑能力越出色工作完成的越好。这一点，放在个人印象中也是一样的，逻辑思维越好，他人对你的印象就越好。就像是我们在和一个人沟通，对方对一件事情的表述混乱无序，颠三倒四，我们对这个人产生的第一印象肯定就是：这人说话一点逻辑性都没有，能靠谱吗？

所以，要想提升他人对自己的美丽印象，就一定要提高自己的逻辑思维，我们可以参考 PREP+A 逻辑产出模式：

（P）Point：观点/论点，先简单明了地表达自己的观点。

（R）Reason：原因/理由/根据，说出支持你结论的依据，也就是你是基于什么事实得出这个观点。

（E）Example：实例/例证，用资料、数据、事例来提高观点说服力。

（P）Point：观点/论点，对自己的观点进行强调，确保对方已接收自己的观点。

（A）Action：行动，观点表达结束后你希望对方怎么做，可根据实际情况看是否完成这一步。

内在美丽印象构成三：能量

IP 打造者在打造 IP 时，一定要注重自身能量的提升，避免自己产生各种各样的负面情绪。此外，能量除了可以通过调整自我意识进行改变，还可以通过外界手段改变。比如多与高能量的人在一起，多学习经典名著、文化等高能量的事物，如此也可以提升自己的能量。多与高能量的人接触和学习，同时把自己变成高能量的人。

内在美丽印象构成四：格局

正所谓"海乃百川，有容乃大"，一个人的格局大小可以决定一个人的命运，格局小的人永远只会固守自己的一亩三分地，这种人不会被讨厌，但也绝对赢不到别人的尊重。而格局大的人则能让人心悦诚服，所以要想成为 IP，那就一定要修炼自己的格局。格局不是天生的，它可以后天培养。关于如何培养格局可参考以下几点：

第一，坚定目标。一旦确定某个目标，就不要被周围的人和事所干扰，如此才能有持续奋斗的动力，最终获得成功。

第二，眼光长远。想问题办事情眼光长远，不要因为眼前的一亩三分地，而做出杀鸡取卵之事。

第三，心胸宽大。一个有大格局的人不会因为一点小事儿斤斤计较，可以欣赏别人的优秀，更可以容忍别人的错误。

第四，专注自我。有大格局的人不容易被外界影响，不会太在意别人的眼光和看法，只会把心思专注在自己设定的目标上。

第五，深度思考。在思考问题时不要只看表象，而要看到事物的本质。能看到事物本质的人就能抓住事件的主要矛盾，不会在表象上浪费过多时间。

内在美丽印象构成五：气场

想必大家都有过这样的体验：当某个人出现时，大家都会不自觉地被他吸引，似乎他成了整个世界的中心，其言谈举止都散发着一种魅力，让你的注意力无法离开；又或者参加一个群体活动时，出现组织不当、杂乱无序现象时，某个人一出现现场瞬间就安静下来，大家自觉地跟着对方的要求去做。这其实就是气场。

气场看不见、摸不着，却能让人感受到，气场强大的人有着莫名的吸引力，仿佛他就是天生就能发光。那么如何提升我们的气场呢？可以从以下几点入手：

第一，提高自信。这种自信要发自内心，不会因为贫穷、丑陋、身份地位而消失。自信心强大的人，气场自然就会强大。

第二，克服恐惧。一个拥有强大气场的人一定是在某个程度上克服了各种心理限制，就像是一个人害怕舞台、害怕被关注，那么他在演讲台上就无法展现出强大的气场，更无法让自己的演讲打动人。

第三，坚定态度。气场强大的人往往有坚定的态度，不会盲从，盲从的人无法让人产生信任感和权威性，人云亦云大多会被打上"没有独立思考"的标签，而这种人是会被人看低的，一旦被人看低就会影响气场。

第四，提升底蕴。气场强大的人往往有足够的资本，这个资本不是金钱，而是自身的底蕴，也就是自己的知识储备。知识储备越多，底蕴就越深，气场自然也会越强大。

4.5 深度美丽印象：参加活动、媒体报道、跨出圈层、社交圈子、公域认知

打造 IP 的终极目的是什么，就是"美丽价值"的第三个阶段——回答"我和谁在一起"的问题，最终达到自我认知与外在呈现高度一致，最终实现阶层跨越的目的。董明珠为什么参加综艺节目《初入职场的我们》？李彦宏为什么参加《荒野求生》？潘石屹为什么参加《向往的生活》？他们都有一个共同的目的——跨越阶层和行业，让自己的 IP 获得更大范围的

关注。

但是，实现跨越只要参加综艺节目就够了吗？当然不够，还需要学习和掌握更多的知识和方法，打造个人IP的深度美丽印象。

深度美丽印象构成一：参加活动

要提升大众对自己的印象就要增加曝光量，而参加活动无疑是提高曝光量最好的方法之一。不过，IP打造者在选择活动时一定要慎重，不是什么活动都去参加，而是要选择与自己定位相关、能提升自己的活动。就比如美业从业者的IP可以选择参加戛纳电影节、北京电影节、时尚芭莎慈善晚会、GQ晚会等，这些活动不仅大众关注度高，且与美业从业者的定位相关，更重要的这是一些高规格的活动，参加的不仅有国内外的明星，更有不少时尚界有地位的从业者。如果参加这些活动，不仅能增长见识、扩大人脉，更重要的是能提升自己的IP印象，因为这些活动只有有资历的人才能够参加。

深度美丽印象构成二：媒体报道

现在是"信息时代"，那么大众接受信息的渠道来自哪呢？自然是各大媒体。IP打造者如果想让自己打造的美丽印象进入大众的心智，那就需要通过媒体进行报道。掌握媒体报道的方式有很多种，一种是主动式，比如参加一些关注度高的活动，如戛纳电影节、GQ晚会等，这些都是行业内最受关注的活动，参加的嘉宾自然会受到媒体的主动报道；二是被动式，是指IP打造者通过自己的媒体渠道进行相关的信息报道，塑造自己的美丽印象。不过在媒体报道之前，需要注意对方报道的主题是否和你给出的美丽印象信息一致。

深度美丽印象构成三：跨出圈层

为什么有些 IP 的形象一直"不高级"，或者 IP 影响力有限，原因之一就是没有跨出圈层，为什么有些 IP 打造者要去走戛纳红毯、参加电影节、参加综艺节目，目的只有两个：一是升级自己的圈层；二是跨出圈层增加影响力。不过想要跨出圈层，不是你参加更高级、更有影响力的活动就可以，而是需要经过策划、打造、树立、包装、提升、训练后，达到这个圈层的标准，让自己比起这个圈层中的其他人都丝毫不逊色。比如服装搭配、艺术审美、礼仪形态等。

深度美丽印象构成四：社交圈子

"你和谁在一起，你就会成为什么样的人"，这一句话点明了社交圈质量的重要性，高质量的社交圈会给你正面的价值观影响，帮你介绍更好的人脉资源，让你拥有更高的眼光，最终使你成为更好的人。要打造 IP，更要注重高质量社交圈的打造。此外，社交圈也能影响大众对 IP 的认知度，你的社交圈的质量、形态、标签都会影响大众对 IP 的认知。如果企业家能加入乌镇互联网大会的"饭局"，那么在大众认知中，这位企业家也是互联网行业中非常优秀的企业家。因为之前参加乌镇互联网大会饭局的人包含了丁磊、张朝阳、李彦宏、马化腾、雷军、周鸿祎等互联网行业中顶尖企业的掌舵人。

深度美丽印象构成五：公域认知

打造深度美丽印象的最终目的是让 IP 实现跨越，达成这一目的最后一个环节就是形成公域认知。公域认知是指在大众领域对IP形成的一个印象，而不只是局限于某一小部分人或某一小部分行业。如果一个IP只在自己的私域流量内有影响力，其生命绝对是短暂的，因为它很快就会触及到天花板，不管是个人还是其所属的品牌都很难再有大的发展。就比如一个美容行业的IP，虽然她在美容行业有着极大的影响力，但是因为只局限于这个行业，等到一定的发展阶段，IP影响力耗尽或是加入了更多的有竞争力的对手，这个IP就无法得到更多的对美容有需求的客户。所以，IP需要破圈，去形成一个公域认知。

4.6 成功的IP都是演说家

巴菲曾说过："一个企业的CEO必须会两种能力，一是演说；二是写作。"其实，这一点放在IP打造上同样适用。纵观IP圈子，我们可以发现许多成功IP都是演说高手。

众所周知，马云不仅是一个成功的企业家，更是一个演讲高手，而他的成功与他高超的演讲能力分不开。1999年，在一个简陋的房间，马云就是用一段慷慨激昂的演讲建立了一个商业传奇团队"阿里巴巴十八罗汉"。

当时马云对众人是这么说的："玩信息、玩软的，我们中国人脑袋绝不比你们（美国人）差，我们在座的所有人脑袋绝不比你们（美国人）

差，这就是我们敢和美国人斗的理由。我们是好的团队，我们自己知道我们想做什么，我们想干点什么的时候，我相信我们是以一当十的……所以不要担心，我觉得Internet这个梦不会破，这个泡沫不会破……目标是2002年，阿里巴巴上市。"

通过这么一段话，在前途未卜的情况下，"十八罗汉"却充分信心地选择跟随马云继续打拼。

马云的演讲所起到的作用，在之后一次又一次的事件中得到了验证，比如一封信说服了当时年收入70万美元的蔡崇信的加入，几分钟内说服了孙正义拿出了2000万美元投资阿里。

正确认知演说的意义

为什么演说能力对IP的塑造这么重要？这么多IP打造者都在使用吗？它到底能起到哪些作用呢？

作用一：激励团队。无论企业规模大小，都会有团队的存在，只要存在团队，作为领导者就要面临激励士气的问题。在企业的各种大会上都要进行演讲，以激励士气。而在这种时候一个会演说的企业家和一个不会演说的企业家，起到的激励效果是完全不同的。

作用二：输出观念。怎么样才能更好地输出自己的观点，建立自己的IP？除了在各媒体渠道发布文章之外，演说无疑是输出个人观点最好的方式。比如罗振宇的"天生骄傲"、雷军的"专注、极致、口碑、快"。

作用三：塑造形象。如果想成为IP，就需要面对一切可以曝光的渠道，而各种公开场合的演讲无疑是塑造个人形象最好的方式。比如大众为何会给雷军一个"雷布斯"的称号？就是因为雷军在各种场合的演讲中塑造自己与"乔布斯具备一样能力"的个人形象。

作用四：影响他人。演讲最大的作用，其实就是去影响对方，让对方更容易接受自己的观点与思想。拥有高演说力的人能让自己的观点变得更有影响力与穿透力，直击对方心底，让对方对你产生信服感，最终按照你所希望的方向去行动。

提升演说能力成为演说高手

不是所有人都是天生的演说家，所以后天需要练习。一般情况下，以下五个技巧是提高演说能力的通用技巧。

第一，做好准备功夫。马克·吐温曾经说过："通常一场精彩的演说都要花去我两个星期的准备时间。"这一点，无论是演说高手还是新手都不能忽略。其准备的内容包含三个方面：一是做好听众演说需求调查，明确自己的演说内容符合需求；二是明确自己的演说目的，想达成什么效果；三是寻找最佳契合点打造演说共鸣，让听众与自己产生连接。

第二，选对演讲主题。有了一个好的主题，演讲就成功了一半。在选择演讲主题时需围绕以下四个方面：

一是根据目的确定主题。比如想打造女性励志的IP形象，那就要选择与女性励志相关的主题。

二是选择与自身定位相关的主题。比如IP打造者的自身定位是美食爱好者，那么可以选择与"美食对人的重要性"的相关主题进行演讲。

三是选择与企业定位相关的主题。企业的定位是什么，就选择与企业定位相关的主题进行演讲。比如互联网企业、制造业，就可以选择和"创新、质量"相关的主题进行演讲。

四是根据自己的输出观点选择主题。比如 IP 打造者有观点输出计划，那么就可以选择此类相关的主题。比如一些企业家要打造成功企业家的形象，以及对企业管理的心得，那么就可以选择企业管理相关的主题进行输出。

第三，掌握开场方式。好的开场白对演讲可以起到双重作用：一是诱发听众继续听下去的兴趣；二是为整个演讲创造一个好的气氛。

一般情况下，可根据实际情况，选择以下几种开场方式。

（1）金句式。是指通过听众意想不到的见解作为开场方式，达到"此言一出，举座皆惊"的效果。

（2）幽默式。在开场中，以自我解嘲的方式来调动现场的气氛，并获得听众的好感。

（3）故事式。是指通过一个与演讲主题有密切相关的故事或事件作为开场，故事既要丰富，也要短小精悍。

（4）悬念式。是指在开场时制造一个悬念，引发听众的好奇，从而吸引听众继续听下去直至获得答案。制造悬念不能故弄玄虚，也不能悬而不解。

（5）引用式。是指通过引用经典人物的经典名言作为开场，为自己即将展开的演讲做必要的铺垫与烘托。

第四，语言恰到好处。语言分为语言类和非语言类两种，这两者在提高演讲效果上都是缺一不可。

语言类：其需要做到三点，一是要口语化，"上口"和"入耳"是演讲的基本要求。但注意演讲的口语化不是指日常口头语言的复制，而是经过加工提炼的口头语言；二是通俗易懂，不要过多地使用晦涩难懂的术语和外来术语，不使用听众听不懂、不熟悉的理论；三是生动有趣，这是让听众听下去的基本要求，思想内容再好，而表达干巴巴，听众只会在现场昏昏欲睡。

非语言类：是指身体语言，主要包括三个方面，一是眼神，面向听众，且要坚定；二是身体，演讲时要直立，非正式演讲的场合，可以根据演讲内容走动，不要斜靠讲桌；三是手势，它能帮助表达，但要自然，不要刻意，要与表达内容要匹配。

4.7 提升：让IP更美一点儿，再美一点儿

IP存在的时间已不短，在这期间，出现了无数个大大小小的IP，有些IP依然存在着，而有些IP却已经消失无踪。究其原因，还是因为一些人在成功打造IP后，没有进一步将其提升，最终泯然于众人，要提升自己的IP就要持续地去学习。

章泽天，因为一张"奶茶照片"成为被全网关注的"奶茶妹妹"，她没有因为"走红"而进入网红圈甚至娱乐圈，而是凭借着自己的努力成功拿到了清华大学录取通知书，在众人佩服与质疑她的同时，她又完成了一个引起全社会关注的事件，成为京东创始人刘强东的妻子，这个身份比起

她"奶茶妹妹"的标签更被众人所关注，章泽天的IP亮度也因为这个身份得到了持续关注。不过，章泽天清楚地认识到，不管是"奶茶妹妹""清华大学的学子"、还是"刘强东的妻子"，都无法让她个人IP获得持久的生命力，于是她选择了不断去提升自己，让自己的IP拥有更加高级、更加坚固、更加有持久的生命力。

第一，提升自己的格局。不管是"奶茶妹妹"照片，还是清华大学的录取通知书，又或者是和刘强东的婚姻，让章泽天备受关注的同时，也备受质疑。互联网上的攻击不断，但是面对这些恶言恶语，章泽天并没有在意，而是选择忽视，在她看来有这些时间，不如去一步一步地提升自己。她在一次采访中回答到："互联网上的事只在一瞬间，一下子轰动，也会一下子被淡忘。"

第二，提升自己的品位。章泽天出身于知识分子家庭，家庭情况算是中等，因此她更关注的是自己的学业，对于什么服装、首饰、社交礼仪并不是很懂，虽然长得漂亮又年轻，但在许多人眼里就是一个空有颜值的"小土妞"，也因此许多人对她"恶语相向"。章泽天对此并没有过多地回应，而是不断地学习相关知识、一步一步地提高自己的品位，现在出现在众人的眼前的章泽天已经是优雅且知性的形象。

第三，提升自己的学识。除了外在，章泽天也从内在提升自己，她到国外去读书，学习金融、商业管理等相关的知识，甚至还考取了意大利博科尼大学一个含金量极高的证书。

第四，扩大自己的圈子。为了改变自己"刘强东妻子"这个标签，让自己的IP拥有独立女性的特质。在国内，频发邀请在时尚界、名媛界、影视界有影响力的人到家中聚会；此外还频频出现在各种商业活动上，比如参加"奇绩创坛"创业者路演；在国外还举报了时尚晚宴，邀请美国几乎大半个时尚界名人，其目的就是吸引各类高端大牌进入京东……

如今的章泽天，个人IP越来越闪亮，凭借着自己的不断努力，大众对她的认知不再是婚姻和美貌，而是美貌与才华并存的"新商业女性"。

当然，IP的提升不仅需要如章泽天一样不断地通过学习来完成，它还需要一些其他方面的助力。

颠覆与实用并存

一般情况下，IP打造者都是通过输出个人价值观点来塑造自己的IP形象，但是还有一些IP打造者为了吸睛会提出与大众完全相悖或者完全没有接受过的观点，比如一些新的思维、新的概念、新的方法，但是这些新东西，因为大众不了解，所以会第一时间被吸引，但吸引过后反而产生不了预期效果。原因就在于，虽然这些观点够新、够颠覆，但却不具备任何实用性。一旦出现这种情况，提出这些"颠覆"观点的IP打造者们就会被贴上"忽悠大师"的负面标签，所以一定要慎之又慎，不要为了"红"而采取无法落地执行的措施。

不断加深受众记忆

信息更新的速度太快，大部分人看过一个信息后很快就会忘记，不管是人还是物，IP打造者们如果想让受众记住自己，并加深自己在他们心中的影响力，就要提高曝光量。不断通过某种IP形象出现在受众面前，自然就能加深记忆。这就是广告界中为什么要把一个十秒的广告不断地在屏幕上播放的原因。

比如董明珠，她要打造自己"铁娘子"的IP形象，如果只是通过几场演讲以及会议，是很难让受众记住她的。于是她不断地出席各种综艺、输出各种观点，然后不断地强调自己管理企业的"铁腕风格"，塑造自己的"铁娘子"IP形象。事实证明，董明珠的这种做法是非常成功的，时至今日，她依然是企业家IP中最受关注的人之一。

把IP标签坚持到底

一些IP打造者可能会遇上这几个问题：

"为什么我明明一开始吸引了很多粉丝，但现在不但无法吸引新粉丝，还会掉粉？"

"为什么我做了那么多营销推广，受众还是记不住我，甚至把我和其他IP搞混？"

究其原因，还是因为在运营IP的过程中，没有把IP标签坚持到底。简而言之，就是你一开始对外宣传的标签是什么，就要一直坚持这个标签，而不是今天是"美食博主"标签，明天就变成"旅游达人"标签。这和品牌定位是一样的道理，不到万不得已不能随意改变定位，否则前期所做的功夫都会白费。

虽然不可以随意改变标签，但是我们可以把标签做进一步升级，这个升级是在原有的"标签"上做进一步扩充。

这种标签的升级，不仅能留住原有的受众，还能吸引新类型的粉丝，同时还能达到创新视频内容主题的效果，一举数得。

4.8 知行合一，聚焦IP，才能击穿

古语云："打江山容易守江山难。"确实，打造 IP 容易，但要维持 IP 长久不衰却是一件极为困难的事情。如果有持续关注 IP 界的读者可能有所发现，不少 IP 在前期很活跃，人气很高，但是到了后期就慢慢失去了踪影，粉丝关注度也越来越低，甚至有些 IP 直接就消失了，究其原因其实就是这些消失的 IP 在定位时和本人实际反差过大，不够真诚，没有做到知行合一。

有一句话说得好，当你说了一句假话后，就要用 100 个假话来圆谎，如果 IP 定位与本人不相符，那么你要不断地去伪装、去撒谎，但是人可以装一时，但不能装一世。所以，"真实地做自己"对于维护 IP 生命力是最重要的。就像一家企业，前期做得再成功，获取的利润再多，后期没有做好企业价值核心承诺，企业也就随之崩塌。

关于 IP 如何做到知行合一，于文红显然是最佳的实践者，她能让自己的个人 IP 长红二十多年的根本原因就是做到了这一点。于文红一直强调"美学"的重要性，一直在输出如何通过美学的手段使自己变得更加美丽。美学行业一直因为各种各样的原因受到争议，但是于文红却在这种争议中

证明了自己。她对外输出一个观点或介绍一个方案时，一定是自己先做到了这一点，或自己体验到了这个方案的好处，才会介绍给客户。

比如于文红曾输出这样一个观点："十几年的发展历程，多少人因为容貌的改变而拥有更好的心情、更多的自信，多少人不再因容貌而产生忧愁，这才是最重要的，这才是虞美人最大的价值。"而她也用她自己的大半生来验证自己这样的一个观点，现在她已经是五十多岁的人，但是却通过美学保持着二三十岁的状态，且更有气质、更加自信。不仅让一直关注她的客户信服，也让潜在的客户看到了她"知行合一"的魅力。

稳定持续输出价值

IP打造者该如何维持住自己的IP呢？首先要做的一点就是持续输出价值，这就像是做公众号一样，如果公众号不持续更新文章，粉丝很快就会流失。在这一点上，于文红就做得非常出色，她不仅二十几年一如既往地在线下与客户进行面对面的输出，在短视频平台发展起来后，她也一直在抖音平台上输出关于美学的观点以及相关知识，给客户带来持续性的价值。

不过持续输出价值也要有技巧，要满足一定的条件。价值输出不像简单地更新文章，每天发文章即可，而是要符合一定的条件，如此才能产生最好的效果。一般要考虑三点：一是与IP本身定位相关的内容，二是当下大众所关注的热潮，三是当下受众急需解决的问题。

掌握IP的展现尺度

我们经常听到这样一句话："某某人设塌了，他完了！"人设其实就是你对外塑造的形象，这对于普通人来说，形象崩塌也许无关紧要，但对于明星、对于IP可以说是"事关生死"。那么，如何保护好IP形象呢？关键的一点是不要表演过度。不少IP者在树立了某个形象后，言行举止都会符合这个形象特征，但却经常把握不住分寸，让人产生表演过度的观感，最后没给形象加分，反而让形象崩塌。

掌握好舆论风向

如今是信息互联的时代，一点小事都会被无限传播和放大，甚至还可能会出现"被造谣"的情况，导致负面舆论的产生。这些负面舆论会直接毁了IP打造者，因此，在避免根源的同时，也要时刻注意舆论方向，及时对负面舆论进行应对。

第5章
个人IP的传播就是个人观点的传播

观点，是我们对某件事的态度与立场，是思考的结论。形成的观点可以决定一个人对外的形象。我们为什么会认为一个人睿智呢？是因为他对事物的观点体现出了睿智。为什么我们会认为一个人犀利呢？是因为他对事物的观点体现了自己犀利的一面。为什么我们会认为一个人和自己同频呢？是因为他对事物的观点和自己是一致的。如果IP打造者想树立正面形象，或是引起他人对自己的关注，就要掌握观点提炼及传播的技巧。

5.1 找到最适合自己的IP角色

人的一生要扮演许多角色，父母、儿女、老板、员工、同事、闺蜜、同学……这些角色是从我们的关系网中提炼而来，对于不同的人角色定位是不同的，而我们在不同的角色中所需要承担起的责任和义务也是不同的。IP也是如此，一个成功的IP也需要有各种各样不同的角色，且每个角色在不同的场景下承担起的义务不同，需要输出的观点也不同，需要影响的群体也是不同的。我们如何保证自己的观点能被人最快接受且认可，这就需要找到自己在不同场景下的IP角色，根据角色所面对的目标对象做观点输出。

IP的角色有许多，但是如何找到最适合自己的角色呢？我们不妨接着往下看 。

第一，从社会职业信息中提炼角色

他是某集团董事长、带领集团A股上市，全国布局32家分公司，集团具备什么样的硬件、软件实力，同时还是集团所有技术和品项的理念研发者，是XX集团所有产品的体验官，自己就是集团品牌代言人……

从这段社会职业信息中，我们可以提炼出哪些关键词作为IP定位呢？

我们可以发现这些信息都是与企业、职业相关，与之最贴切的标签就是企业家，而且是一位极致要求自我、体验官般的企业家。

第二，从艺术天赋信息中提炼角色

每个人都有自己的艺术天赋，就看其是否能将天赋充分挖掘并展示出来。艺术天赋可以说是个人 IP 的加分项，所以我们可以从这个方面入手来提炼 IP 角色。比如某位 IP 打造者就提炼出了"美学艺术家"这个角色。之所以会提炼这个角色标签，就是因为该 IP 打造者在美学领域有着极高的天赋以及艺术成就，比如绘画、音乐、写作等。

而这种跨界身份无疑会让个人 IP 更有魅力。不过要把跨界身份作为自己的角色之一，一定要建立在该行业有所成就上。

第三，从社会价值信息中提炼角色

一个人即使再有钱、事业做得再好都不算成功，在成功的同时又对社会有价值才算是真正的成功。因此，如果个人 IP 能从自己的社会价值信息中提炼出角色，无疑能提升 IP 的正面形象。需要注意的是，社会价值信息的提炼一定要是有根据的，是付出一定的时间与精力的。比如某位 IP 打造者提炼出的角色是——慈善家，社会价值包括带领了某项技术的研发，让多少人受益；创造了多大的平台，帮助多少人就业；提出了某项决策，极大提高人们的效率；做了多少慈善事业，救助多少人，等等。

第四，从家庭背景信息中提炼角色

每个人在家庭中都会承担一个角色，父亲、母亲、丈夫、妻子、儿子、女儿或是爷爷奶奶、孙子孙女，这些也可以成为个人 IP 的一个标签。

比如明星伊能静就在承担一个"好妈妈"的角色，而这个角色为她赢得了许多正面口碑，认为她不仅事业成功，而且在家庭教育方面做得极为成功。

不管是要提炼哪些信息作为标签，最关键的是要和自己高度适配，而不是凭空捏造，不是你认为贴上"高大上"的标签就能成为高大上的IP角色、吸引"高大上"的客户，而是要看你本身是否具备高级感，是否有这方面经历。如果有，就可以将之提炼出来，作为自己的角色标签。就像是"企业家"角色，如果是"企业家"吸引的客户自然也是"企业家"类型的。但是你本身是否有创业成功的经历呢？名下是否有哪家企业在运营呢？企业在行业的地位如何呢？有哪些成功的案例吗？如果没有，这个"角色"就是虚构的，很容易就被人戳破。

5.2 在不同的渠道做不同的观点分享

在上一节中，我们为什么要做IP角色定位？因为每个角色的身份不同、所处的环境不同、面对的目标对象不同、需要做分享的渠道不同，因此与他们分享的观点也是不同的。比如说你此时的目标客户群是企业家类型的客户，那么就能以"企业家的角色"对他们做观点分享；如果你此时的目标客户群是比较注重家庭的客户，那么就可以以"好妈妈、好丈夫、好妻子的角色"进行家庭关系维护方面的观点分享；比如你此时的客户群是一群比较热心公益事业，那么你就可以以"慈善家的角色"分享你如何做社会公益事业的观点和方法……

具体如何操作呢？我们不妨通过以下的案例进行学习。

杨天真，原名杨思维，壹心娱乐创始合伙人，从2020年开始，把事业重心从公司业务转移到了个人IP打造上。从打造个人IP上，杨天真可以说是娱乐圈的鼻祖之一，其娱乐公司旗下有诸多艺人，如张雨绮、白宇、赵又廷、朱亚文、马伊琍、陈述……这些明星的成功都与杨天真擅长打造IP分不开。

如今，她把自己打造明星IP的方法用到打造自己的个人IP上，自己定义的"大码女王""职场硬核女王"让她从幕后走向台前并圈粉无数。而除了这两个标签角色之外，杨天真身上还有"企业家""著名经纪人""IP达人"的角色身份。

通过这些角色身份，如今杨天真的个人IP人气丝毫不比当红明星逊色。杨天真能通过个人IP成功地从幕后走向幕前，这与她擅长通过不同角色身份、针对不同目标粉丝、分享不同观点有着很大的关系。

角色一：企业家

杨天真是北京壹心文化传播有限公司的创始人，是中国首家提供定制化服务的经纪公司，经营业务包含艺员影视剧拍摄、广告代言、形象包装、演出、法律咨询等多项经纪业务，旗下有着诸多大咖艺人，是影视圈排名前列的经纪公司。因此，在企业管理方面，杨天真也有着自己独到的观点。在面对企业家型的粉丝时，杨天真就会分享自己管理公司的方法。

比如对于影视型公司针对市场需求培养大量偶像的现象，她是这么认为："不管整个行业有多大的变化，出现什么新的潮流，我坚持做会的、能把控的事情。不做练习生，是因为我们团队没有人懂音乐和舞蹈。一个不懂音乐和舞蹈的公司去干这件事情是很盲目的。现阶段在无法判断好坏、没有思路的情况下做练习生无疑是赌博和蹭热度。我始终相信系统的力量大于个体的力量。"

角色二：著名经纪人

杨天真最初是以宣传起家，之后转型经纪人，不仅培养出许多知名艺人，更是带领出了一批能力强大的经纪人队伍。所以对于经纪人业务，杨天真可谓是专家。面对希望进入演艺圈成为经纪人的目标粉丝，她更是经常在各种平台上分享自己的观点。比如在《我和我的经纪人》这档综艺节目中，杨天真就分享了许多关于如何做好经纪人并培养出优秀艺人的观点和方法。比如朱亚文，他曾拍出了《红高粱》《闯关东》等高口碑作品，他就曾怀疑杨天真为其规划的发展路线，以及"行走的荷尔蒙"人设。对此，杨天真表示："在过去我们处于一个高速成长阶段，我需要用我的经验来告诉你怎么维持热度、提升商业价值；在进入发展平稳期后，再在'我觉得你应该怎样，和你想要什么之间，统一战线、实现共赢'。"

角色三：IP达人

杨天真因为擅长打造个人IP，拥有无数理论、经验和方法，因此也为自己树立了"IP达人角色"。面对需要打造个人IP的目标粉丝，她不仅在公司增加了个人IP打造的业务，还在各个平台上输出自己的相关观点，甚至在混沌大学平台开设了一门个人IP打造课程《成就你的可能是"缺点"》，该课程详细地讲述了她打造个人IP的理论和方法。

角色四：大码女王

因为身体原因，杨天真一直很胖，即使最后为了健康进行了切胃手术，也仍然达不到标准体重。因为身材的原因杨天真很难找到即合适又能让自己变美的服装。为此，她推出了自己的服装品牌"PLUSMALL"品牌，专门为胖女孩服务。她不仅亲自做模特展示服装，也会向有需求的胖女孩粉丝们输出关于"胖女孩的穿搭技巧以及美丽观点"。就像她的服装品牌广告语："体重无法阻止我爱自己"。

角色五：职场硬核女王

杨天真并不是一开始就是企业家，而是一步步从影视公司的小职员做起，因此对于职场，她更有自己的心得。在面对职场工作的目标粉丝们，她更是积极分享自己的"职场观"。

比如她在抖音分享的"职场上的人际交往法则"：

第一是学会拒绝，当你学会拒绝的时候，对方才知道你不是随随便便什么工作都可以答应下来的。不懂拒绝，不仅占用你的时间，消耗你的精力，还会消耗你提升自己的积极性。

第二，犯错的时候不要找借口，不要推卸责任，积极承担自己做错的部分才是正道。

第三，不要在别人背后说人闲话，无论是好话还是坏话。

第四，当你自身有价值的时候，你认识的人才叫人脉，否则你只是那个岗位上和别人对接的一个工作符号而已，而对方也只是你朋友圈一个不会说话的微信号。

第五，遇到困难不要随便抱怨，抱怨你只会给别人留下一个不解决问题只有情绪的印象。

5.3 个人观点传播是最有效的认知路径

在商界，不少企业家都在打造IP，但是成功者却不多。很大的原因是他们给受众输出的信息都是与企业或者产品相关。其实这本无可厚非，但这只是站在企业家这个身份而言的，如果想成为IP型企业家，那么就不能只单单输出这类信息，而是要改变方向，给受众输出自己原创的个人核心价值理念。

著名投资人张灵泉显然在这一点就做得非常出色，她原是央视主持人，后辞职转行进入投资界。从一名主持人变为一名投资人，外界对她的关注反而加高，除了她本身的身份之外，最为关键的一点就是她在进入投资界后一直打造自己的IP，从现实效果来看，显然是非常成功的。

张泉灵提升自己美丽价值，成功打造IP的方式之一就是"输出原创的个人核心价值理念"。

比如对于为什么她要从央视辞职，她的观点是："能力圈不应该是你的舒适圈。"

比如对于如何做企业，她的观点是："做企业的初心不在规模，在于创造美好。"

比如对区块链多次起伏的看法，她的观点是："也许泡沫还会崩塌两次，我也不会幸灾乐祸地说：看，我早说了吧。"

比如对于新时代快速发展对个人影响的看法，她的观点是："这个时代要抛弃你，招呼都不会跟你打！"

比如对于夕阳行业的看法，她的观点是："没有夕阳行业，只有夕阳思维和夕阳做法"。

凭借着这一句句独到、深刻的个人观点，张泉灵成功打造了自己的个人IP，凭借着个人IP的影响力在投资界做得风生水起。

张泉灵是央视主持人出身，丰富的人生履历与出色的专业能力，让她在输出自己的个人观点上并没有任何困难。但对于许多IP打造者而言，却是一个不小的困难。但是任何事情都可以通过后天练习，打造原创观点并输出也不例外。

观点要具备高度识别性

现在是信息大泛滥时代，信息同质化现象越来越严重，IP打造者输出的观点内容如果不具备高度识别性，是很难进入受众眼中。如果你在说"新零售"，我也在说"新零售"，虽然是当下新兴事物，但因为受众已经听过无数遍关于新零售的观点，如果没有差异化、个性化的内容，那显然很容易就被受众拒绝。

观点的个性化打造可从以下三个方面入手：

第一，独特的价值诉求。比如雷军对于如何打造成功互联网企业，他的观点就是："要向同仁堂学习，做有信仰的产品。"这个观点的价值诉求就是"做有信仰的产品，而不单单是实用的产品"。

第二，要有核心的主题。要做到这一点，就要做出明确的取舍，确定哪些内容是不能出现在自己的观点输出中。正所谓："少就是多。"信息过多会造成受众的信息接收负担，从而下意识地拒绝信息接收。

第三，不断创新观点。是指输出的观点是从未出现的内容或概念，比如罗永浩的"工匠精神"、周鸿祎的"大安全"。

观点要一针见血

其实几乎所有的IP打造者都会输出自己的观点，但是通过观点输出打造成功IP的却不多，其根本原因就是观点缺乏吸引力。为什么观点没有吸引力，是因为你的观念不够犀利，不够一针见血，不能戳中人心。犀利的观点需具备以下几个特质：

第一，不人云亦云，简而言之就是不要随意跟风，比如大家说好你也说好。当然也不能为了独特而随意反对大众观点，要找到一定的理论根据才可提出。

第二，要结合实际情况。输出一个观点时一定要能落地，而不是随意提出一个新观点。需要结合当下的实际情况提观点，且这个观点能解决一定的问题。

第三，要符合现实需求。观点的输出一定是大众所需要的，是大众当下未能解决的问题或需求，需注意的是提出这个观点后，也要给出实际的解决办法。

第四，要说他人不敢说的。一些话题可能会比较敏感，甚至在当下会引起大众的反对情绪，因为你说了"实话"，而"实话往往伤人"。但想要自己的IP能打造成功，就不能为了讨好大众而说出"违心之言"。

5.4 口碑力，一声好引爆个人IP

口碑力其实就是口碑传播，它是指一个具有感知信息的非商业传播者和接受者关于一个事物的评价所产生的非正式的人际传播。人际传播时所产生的评价，会直接影响客户的态度和行为，从而直接决定一个品牌或产品的成功与否。口碑被现代营销人士视为当今成本最低、效果最好的宣传媒介，被各行各业广泛使用，IP打造行业当然也不例外，如何做好口碑传播呢？

正确认知：口碑传播不是一夜爆红

不少人把口碑传播等同于一夜爆红，尤其是如今的互联网时代，口碑传播通过互联网病毒式的传播链，可以在短时间内红遍互联网，在这种情况下也确实出现了不少"IP"。于是，一些人在谈及口碑传播时，总是将其等同于"一夜爆红"。

回过头来我们仔细思考，这些"一夜爆红"的"IP"们，最后都如何了？基本都消失殆尽，而少数存留的IP，究其本质也不是属于"一夜爆红",而是长时间的积累,在天时、地利之下才瞬间被"引爆",而后期更是持续做好"IP 提升与维护工作",如此才保证了自己的"IP 长红"。

所以,"一夜爆红"是偶然,只要你的 IP 形象好、观点独特、内容质量高、推出的产品质量好,就能产生口碑,哪怕只有 10 个人的正面口碑评价,都能给 IP 打造者增加 10 个传播源,在日积月累之下自然就能形成口碑效应,而且这种口碑效应是永久的。

打好基础:做好真正的 IP 内涵

如果没有好内涵支撑,任何 IP 都不可能打造成功,即使有偶然成功,时间一久,大众就会发现你是"绣花枕头",自然会取消对 IP 的关注,甚至产生负面评价。所以,要想通过口碑传播成为 IP,就一定要有"内涵"支撑。这个内涵包含你的认知、思想、观点、逻辑、能量、格局、气场、形象、品味、颜值、身材、习惯等方方面面。只有在各方面达到了一定的"高度",你才会产生正面口碑,然后积累到一定程度时产生口碑传播效应。

比如我们打造的"艺术美商领袖"综艺闻,她的核心价值观点是"美丽早已不是奢侈品,它属于每一个人",她的核心价值是帮助客户提升"容貌美、情绪美、仪态美"。不管是她的价值观点,还是她所提供的服务,客户都非常信任她,在行业内更是皆有口碑。客户为什么信任徐艺闻呢?难道只是因为她是虞美人创始人于文红的亲传弟子吗?是虞美人国际的首席美学艺术总监吗?当然不是!这份信任的根本原因是她拥有真正的 IP 内涵,为自己的 IP 塑造了好口碑。

她是如何塑造自己的 IP 内涵的?

首先,从"外在美丽印象"上改变自己,让人一看到她就知道这个人是个美丽、有品位、能自律的人。她这样的外在形象能第一时间给受众留下好印象并产生信服力。为此,徐艺闻常年保持健身、养生的习惯,学习各种美学课程提升自己的品位。

其次,从"内在美丽印象"上提升自己,一个空有外貌的人会被人认为是"花瓶",这种美丽是无法支撑IP长远发展的,所以需要有内在的支撑。为此,徐艺闻去参加各种美学课程、到各地游学、参加各种时尚大会,提升自己的知识,提高自己的眼界,扩大自己的格局,让自己能由内而外的散发出一种美。最为重要的是,通过不断的学习能拥有自己的核心价值观点,从而让客户更加信任自己的个人IP。

掌握方法:找准口碑营销点

所谓口碑传播,除了"口碑"二字,关键还在"传播"上,而这个"传播"分为无效传播与有效传播。如何理解?比如说你是知识领域的IP打造者,但是你形成的口碑传播主题是"你是一个段子手",这就是属于"无效传播"。所以在传播时一定要找到准确的口碑营销点,那如何寻找呢?我们可以看一个案例。

比如已经60多岁的华中师范大学教学教授、博士生导师戴建业,2018年他一场讲解盛唐诗歌的视频被上传至短视频平台抖音,当日点击量就达到了2000万次,瞬间成为"网络红人",之后,他上课的视频不断被放到网上,关注度也越来越高,慢慢地摆脱了"网络红人"的称号,成为一个真正的"知识IP"。

而他能成为真正的"知识IP"的原因,就是因为他找到了正确的口碑营销点。他刚开始走红是因为"一口湖北麻城普通话",带着口音的普通话的中文课,有一种别样的"魔性",但他知道如果大众的关注点一直是他的普通话,那么他就成了一些网友口中"不安心当人民教师,只想炒作"的网红。所以,后来他把传播的重心放在了他的课程内容上,以及他评价陶渊明、李白、孟浩然等古代文人的观点上,独有的解读视角、实用有效的课程内容、幽默有趣的讲课方式,让一些偏见者放下了偏见,对他的评价越来越高,戴建业教授也真正成为一名有持久生命力的"知识IP"。

5.5 用讲故事的方式讲出你的观点

会讲故事是人的本能,爱听故事是人的天性。人类历史上的许多文化都是通过故事的形式传承下来的,而人类也喜欢从故事中获取自己想要的知识。这一点,无论经过多长岁月都不会变。

在如今这个人人都能打造个人IP的时代也是如此。而且打造IP需要输出自己的观点,但是如何让人快速接受自己的观点呢?如果只是一味地输出或说教,受众是很难接受的,甚至会产生逆反,而故事则可以让受众潜移默化地接受IP打造者的观点。讲故事的重要性不言而喻,但是要在短时间内迅速讲好一个故事并成功输出观点并不容易,需要掌握诸多的理论与方法。

雷军不是专业的演说家，他的演讲有各种不足，他输出的观点更是经常会引起争议，但是在听过他的演讲后，观众们都会不知不觉地接受他输出的观点。雷军是如何在演讲能力不足的情况下做到这一点的？原因之一就是因为他是一个讲故事的高手。

2020年8月11日晚，小米公司CEO雷军进行了一场十周年的演讲，媒体、同行、手机发烧友，甚至爱看热闹的群众都在期待着雷军这一次又会说出什么"惊人之语"，而我们就从这场演讲中看看雷军是如何通过讲故事的方式输出自己的观点的吧！

第一点，用20多个故事贯穿整场演讲。为什么要用这么多的故事呢？一是因为故事有天然的记忆装置，不管是演讲者还是听众，都能在庞大的信息海洋中记住故事；二是雷军的这场演讲长达四个多小时，不可能牢牢记住所有演讲词，而故事自带逻辑性，避免忘词；三是故事是天然的注意力收集器，没有人喜欢听通篇都是人生哲学、经验分享的演讲，而故事的结构设置，可以把观众的注意力牢牢抓住。

第二点，把个人观点融入故事里。雷军在这场演讲中讲了很多关于小米发展过程中遇到的困难，他面对困难的态度是怎么样的，以及他遇到困难是如何进行选择的，他把这些东西都通过故事的形式表达了出来。比如为了能保证手机产品的质量，他用了这么一个故事：因为对红米1的设计不满意，他直接放弃了发布，而直接选择发布红米2，4 000万元的研发成本也就这样打了水漂。

第三点，把企业荣耀包装在故事里。一场企业的周年演讲，难免要讲到企业的成绩，但是对于这一点，大部分听众都不爱听，因为会下意识地认为对方在吹牛。但雷军却把小米的"高光时刻"融进故事里，让听众在故事中感觉到小米的强大。

我们从雷军的案例中学习到实用的讲故事的方法，但除了这些还有哪些讲故事的方法呢？

选择能让人感同身受的故事内核

什么样的故事才能被听众接受，并让听众产生行动？肯定是能够让人感同身受的故事。什么样的故事才能让人感同身受呢？无非是逆袭者的故事。从平凡到不平凡的过程，在这个过程遇到多少困难又战胜多少困难，这类故事可以让更多的人受到鼓励。因为大多数人都是平凡人，而不是生来就是成功者。听完逆袭者的故事，听众就会产生"主角也是平凡人，他这么做都能成功，那么我这么做是不是也能成功呢"的问题，然后促使自己把这个问题变为行动。

比如董明珠，她原本只是一名单身妈妈，是一个公司的普通员工，因为想要赚钱养家，辞职后进入格力成为一名业务员，通过自己的努力与天赋，成为格力的销售冠军，顶起了格力业务的半边天，后面更是一步步拼搏做到了格力董事长的位置，成为格力最亮眼的一张名片。

这种逆袭者的故事就很容易引起人的共鸣，并使人受到鼓舞，希望自己也能像她一样，通过努力逆袭人生。

掌握好故事的构建系统

故事能不能让听众接受，不在于长短，不在于情节多么复杂，而在于是否具备以下几个要点。

第一，构建好故事画面感。如何让故事深入人心？这就需要构建故事画面感，可采取以下做法：

（1）加入场景描述，比如增加人物心情、所处环境情况的描述。

（2）加入多个角色，只有主角的故事很难产生吸引力，多个角色的加入可以构建更多情节，丰满故事内容。

（3）加入重点内容，画面感的描述也要把自己准备输出的重点作为主要描述内容，以免产生冗长和啰嗦感。

第二，能够颠覆对方的认知。一个故事讲述完能不能被人记住，故事中蕴含的观点能不能被接受，这就看这个观点是否能颠覆对方的认知。

第三，能够引起他人的好奇心。故事怎么才能让人听下去，那就需要设置一些悬念引起听众的好奇心。就像我们看悬疑剧一样，因为各种巧妙的悬念情节设置引起了观众猜测"谁是凶手"的好奇心，从而一直追到大结局。

第四，符合主流社会价值观。

第五，故事要能佐证观点。我们讲故事是为了让听众更好地接受自己的观点，所以在选择故事时一定要选择能佐证自己观点的故事，否则就是一个"无效故事"。就像是雷军为了输出"自己要做好产品的价值观"，他就用了放弃红米1，浪费4000万成本的故事来支撑自己的观点，如此，观点才具备信服力。

第六，故事要给出解决方案。故事要吸引人总要设置矛盾、冲突的情节，但是光有这些情节还不够，还需要有解决矛盾、冲突的办法。比如于文红在经营虞美人的过程中，因为一则新闻导致差点破产，这就是属于矛盾冲突，这个矛盾冲突的环节可以引人关注，但是如果于文红没有给出最后是怎样解决虞美人困境的"方案"，受众肯定不会接受这个故事。

5.6 "一句话"获得百万曝光量

人们很难记住一个品牌，因为一个品牌的传播要经过数万甚至数百万的触达，而要达到这种触达需要巨额的营销费用。但是，人们却很容易记住一句"文案"，因为文案代表着一个品牌或是一个人的观点。

根据品牌或个人IP定位设计文案

在广告界，文案的重要性不言而喻。它可以使人产生消费冲动，使人对品牌或产品记忆犹新，甚至只通过简单的广告文案，就成功打造了一个品牌。广告文案一定要符合品牌以及品牌创造者自身的定位与特色。比如杨天真的PLUSMALL"体重无法阻止我爱自己"，就是代表着品牌及品牌创始人对于"美丽观念"的观点；比如陈欧的"我是陈欧，我为自己代言"，就代表着品牌聚美优品及他自己关于"80、90这一群体如何体现自我价值的观点"；比如于文红为虞美人设计的广告语"让每个女人都有享受美丽的权利，让每个人都能有品质的活到百岁"，这是她对虞美人这个品牌的期望，也是她对美丽的理解。

寻找自己的专属文案符号

文案就像自己的"名片"，让受众一看、一听就知道这句话是你说的，是你的风格。好的文案是具备身份识别作用的，而要做到这一点就需要寻找自己的专属文案符号，具体做法参考如下。

第一，寻找目标族群的语言。IP是有目标族群的，比如美丽价值论创始人刘晨的目标族群是成熟成功女性，IP的一切都是为目标族群服务，文案也一样。而要让目标族群认可自己的文案，首先就要找他们的语言风格。比如年轻人和中老年人的语言风格是不同的，女性和男性语言风格是不同的，二次元和三次元爱好者的语言风格也是不同的。

第二，根据自己的IP定位做文案。文案是为IP服务的，因此在打造文案时也要根据IP的定位进行。IP是什么风格，文案就要什么风格。比如你的IP是毒舌犀利风格，那么你的文案就不能是"知心大姐姐"的温柔体贴风格。

第三，设置自己的专属句式文案。为什么有些文案我们一听、一看就知道是谁说的？就是因为这些人在打造文案时设计了专属句式。听到："oh my god，太好看了吧，买它！买它！买它！"你是不是就想到了李佳琦？听到："我为自己代言。"是不是第一时间就想到了陈欧？这就是他们的专属句式文案。

用词语力塑造文案力

词语是文案的最基本组成元素，不同方式的词语使用方法，会给文案带来不一样的力量。那么，如何使用词语力呢？

第一，了解不同词类的作用。名词、形容词、动词、副词、数词……不同类型的词语有不同的作用，在打造文案时我们也要懂得使用。比如动词，在使用时我们可以利用动词设定场景，比如红牛文案：累了！困了！喝红牛！

第二，善用中国语言文化。中国特有的谚语、歇后语、顺口溜、古诗词都能有效地帮助我们打造文案。比如歇后语，其语言结构由两个分句组成，前一句是谜语，后一句是谜底，如"打破砂锅——问到底"。在一定的语言环境中，只要说出前半部分，大部人自然就能知道后半部分的内容。通过歇后语的方式去打造文案，也可以起到同样的效果，比如王老吉的文案，只要说"怕上火"，我们就会潜意识地说出"喝王老吉"。

第三，不断重复关键词语。重复关键词可以加深人们的印象，比如苹果6S的产品宣传文案：唯一的不同，就是处处都不同。其中"不同"是它的关键词，之所以选择"不同"，是因为"不同"是这款产品设计的核心特点。

知行合一才能获得"百万曝光文案"

"一句话"如何能不断地被传播？被曝光？从而成为个人IP的标志性语录。仅需要做到以上四点，更需要个人IP或是品牌把自己的品相生态基础做扎实，并知行合一地持续执行。

比如2021年河南水灾，鸿星尔克总裁吴荣光宣布捐款5000万元驰援河南，一下子引爆了互联网平台。只是这么一句简单的话，不仅这个即将陨落的品牌一下子站在了大众面前，其总裁吴荣光也被众人熟知。其实驰援河南的企业和个人都不少，为什么鸿星尔克以及吴荣光的关注度最高呢？

原因有二：一是鸿星尔克本身经营情况不佳，能驰援 5000 万元已是尽了全力，这让大众都看到了鸿星尔克的诚意；二是鸿星尔克的"知行合一"，鸿星尔克一直秉持着自己的社会责任，多年来一直在默默做公益。许多人在质疑鸿星尔克在借公益炒作，而它多年的慈善事迹，以及事件被关注后的应对态度，打消了这些人的质疑。吴荣光在微博回复评论要多宣传此次的洪灾："面对灾难，能做的很有限，尽自己的力量就好，把宣传资源留给需要被关注的灾区。"比如许多网友到直播间购买产品支持鸿星尔克，其直播间主持人却说："不要因为我们捐钱了就买我们的商品，喜欢就拍，不喜欢不要勉强。"并多次提醒要理性消费。

5.7 自动力：你的关系链就是最原始的传播链

如今早已不是酒香不怕巷子深的年代，品牌和产品再好，如果不做宣传推广是很难被人熟知。个人也是如此，但是大部分人都是 IP 新人，不仅不懂得如何打造 IP，就连如何宣传自己的 IP 也不知道从何入手。其实

IP 的第一步宣传并不是很难，每个人身上都带有"自动力"，只要掌握好这股"自动力"，你就能获得传播的初始种子，它就是你的关系链。

现在越来越多的企业和品牌开始挖掘客户的强关系，最为典型的就是"拼多多"。自拼多多 2015 年成立以来，其核心运营模式"拼团模式和砍价模式"一路开挂，助力其在三年时间内就积累了 3 亿用户，GMV（商品交易总额）过千亿，月活跃用户达到 3 亿，成功打败京东，直逼淘宝在电商市场的地位。而拼多多拼团模式能成功的关键点就是利用了用户的关系链。关于拼多多对关系链的使用，我们最熟悉不过。

闺蜜在微信群里分享了一个链接，买一箱水果，只要凑齐 3 个人，就能 19.9 的低价买到；老妈在家族群分享了一个链接，告诉我们帮忙砍一刀，达到目标就能免费换一个炒菜锅；诸如此类的事件数不胜数。

久而久之我们自然能发现，在拼多多购物拼的不是钱，而是你的社交关系链，谁拥有强大的社交关系链，谁就能在拼多多获得最大的优惠。自然，这种优惠是双向的，用户从中获得了经济利益，拼多多通过用户的关系链得到了海量的用户。

从拼多多的案例中我们可以发现社交关系链的强大作用，它是平台积累用户的有效手段，也是 IP 做传播推广的最基础、最低成本的方式。

掌握不同类型的关系链

能产生自动力的关系链首先就是强关系链，也就是互相都是熟识之人，这些关系链根据不同的关系可以分为以下几种类型。

类型一：家庭关系链。简而言之就是你的家人亲戚，你的父母、兄弟姐妹、阿姨舅舅、叔叔姑姑、堂兄堂妹、表姐表弟……不要小看一个家族的力量。每个人身上都有一个关系链,每个关系链背后可能有100个潜在目标人群,即使你的家族只有10人,那么也能构成1000个基础的传播链。而且最为关键的是,他们是你的家人,可以免费为你的个人IP做传播。

类型二：好友关系链。每个人或多或少都有几个知己好友,有困难有心事时可能只会和那么一两个知己好友倾诉,但在宣传个人IP时就不能局限于真正的几个知己好友,即使是和你属于"君子之交淡如水"的好友,你也可以请求对方帮助你做宣传。

类型三：同学关系链。从幼儿园到大学,甚至到研究生博士,人的一生中拥有的同学无数,在这个互联网能连接一切的时代,不管是关系好的同学,还是关系一般的同学,都能或多或少在社交平台上获得联系方式,所以同学关系链自然也是最好的宣传渠道之一。

类型四：社会关系链。一般情况下,需要打造个人IP的人都已经步入社会工作,不管资历深浅,都积累了一定的人脉关系,比如同事、客户、合作对象,而这些人都是寻求宣传帮助的对象之一。不过相比于前三种关系链,在寻求这类关系链帮助时,一定要注意请求方式,尽量避免对对方产生困扰,因为这类人直接关系到自己的工作。

找到关系链中的目标人群

虽然我们的强关系链能帮助自己做IP宣传推广,但是为了尽量减少对对方产生的困扰,我们在寻找帮助之前还是要先找好强关系链中的目标人群。其确定方式主要如下：

第一,确定自己的IP定位。比如刘晨的IP核心是"美丽价值论",

对这类IP有需求的大多数是女性，所以我们首先就可以把寻求宣传帮助的重点放在女性强关系链上。

第二步：根据对对方情况的了解，看其是否与刘晨IP的目标族群特征一致，把这类人群筛选出来，再对其做重点沟通，她们不仅可以成为刘晨的第一批传播种子，还有极大的可能是第一批能产生经济价值的对象。

第三步：保证自己的IP内容质量。即使是自己的强关系链，他们会帮助你宣传，大多数也是碍于面子。不过面子这类事情，只能用一次两次，多了就很难有效。所以最好还是让他们能主动宣传，能让他们主动宣传的核心点就是你的IP有价值，能对他人起到帮助，所以一定要保证自己的IP内容质量。

5.8 不同平台明确分工，做最适合的传播方式

有人说现在互联网时代，做推广应该放在线上；又有人说，线上渠道转化率过低，线下覆盖范围有限，但转化率高。这两种想法都过于偏激，不管是哪一种推广方式都有优缺点，最好的方式是进行线上线下的融合传播。尤其是互联网平台，每个平台都有每个平台的特色，适合的宣传方式也有所不同，我们需要对此有充分认知，并选择最适合的传播方式。

线上渠道：各社交媒体平台全面覆盖

线上的渠道包括以下几种：

第一，微信：做沉淀。

（1）熟人网络。微信的特点是建立在朋友圈的熟人网络，其信任度和到达率是传媒媒介无法达到的。

（2）目标受众定位更精准。微信可以对关注的粉丝进行分组，实现精准营销。

（3）传播范围更广。微信公众平台，可以实现一对多传播，信息达到率更高配。

（4）养成受众的阅读习惯。微信公众平台的信息发布方式一般是通过文章，每天定时定点更新可养成受众的阅读习惯。

（5）营销成本低，持续性强。以往，客户离开IP建立的接触地点，如门店或线下活动，除了电话就无法与之建立联系，但如今通过微信公众号可以把客户聚集在一起，通过不定期的信息推送，使其加深对IP的认知。

微信最适合的推广方式是做沉淀，因为它是有熟人关系链搭建而成，能成为你的微信好友的基本都是"已经认识的人"。同时，微信的"即时通讯功能""微信群"以及微信公众号比起其他平台，更适合与客户随时随地进行沟通，培养双方关系的同时，还可以进一步加深客户对个人IP或企业IP的认知，从而加强客户粘性。

第二，微博：做事件。其特点如下：

（1）便捷。可以直接在微博上发布信息进行宣传，无须经过烦琐的审核程序，节约时间与成本。

（2）实时。微博的最大特点就是它的时效性，可以让受众在第一时间获取信息，还可以把有时效性的信息通过微博通知到受众。

（3）广泛。微博是弱关系链传播，只要把握好内容和方式，就可以形成病毒式传播，影响力非常广泛。

（4）速度。粉丝越多的微博博主，其转发量就越高，如果IP打造者能成为微博上的大V，就可以在短时间内达到几十万甚至百万的转发量。

因此，微博是最适合通过事件营销为IP吸引关注的，比如可以通过在微博发起事件话题，引导微博用户的参与，从而使事件上热搜或是热门，引起更多的人关注。

第三，抖音：做内容。其特点如下：

（1）最主流。抖音是当下最为流行、用户量最多、用户活跃度最高的App，几乎人人都在玩抖音，也是当下主流的推广平台。

（2）最高配。抖音之所以能火起来，是因为刚好迎合了当下碎片化时代的传播诉求，在这些平台上做宣传可以更能获取关注。

（3）最活跃。抖音平台具备很强的话题性和互动性，比如各种挑战活动、各种合拍视频以及各种热门音乐，通过这些都能和关注者进行有效互动。

（4）最广泛。玩抖音的不仅有年轻人，更不止一二线城市的人群，抖音已经逐步下沉到各个县城农村，年龄覆盖也逐渐往全年龄段发展。

不过，如果想在抖音做好IP的宣传，就一定要保证"内容"，用内容来吸引粉丝才是长久之道。只要研究过抖音大V账号的受众不难发现，大

V之所以能走红，就是因为其分享的"高质量"内容。这一点，于文红就做得非常好，她在抖音上分享的视频都是有关美学知识的内容，因此吸引了不少对此有兴趣的用户。

第四，快手：做人设。其特点如下：

（1）比例均衡。快手的男女用户比例较为均衡，可达到54∶46。

（2）用户下沉。快手的用户比起抖音用户更为下沉，多数集中在三四线城市，此外，快手的KOL多是"草根"初审，内容带有极强的职业属性。

（3）选择性强。快手的交互形式是选择性的，平台给予用户更多选择性，用户可根据封面与标题从中选择自己喜欢的内容，且视频下滑就是评论区，因此社交属性更明显。此外，快手拥有浓厚的"直播"氛围。

因此，根据快手的特点，虽与抖音同样是短视频平台，但快手的传播方式更偏向于"打造人设"，有"人设"的快手主播更能得到快手平台用户的欢迎。

第五，小红书：做种草。其特点如下：

（1）紧跟市场。小红书成立之初的商业模式为美妆与个护等海外商品的购物分享，后转为海淘电商，现在则衍生为以短视频、图文等当下流行的购物欲分享方式，这些转变都是紧跟着时代的发展步伐。

第二，用户年轻化。其用户多为90至00后等年轻用户，思想观念超前，易于接受新事物，容易接受别人分享的观点。

第三，消费能力强。90到00后等年轻用户已经成为新的消费主体，而且相比于70、80用户，因社会经济能力增强，物质大丰富，因此他们的消费欲望更强，且容易因某种刺激而产生消费行为。

第四，社交功能强。社交电商优势显著，平台互动性强，用户可通过发布视频、图片、笔记等方式与他人进行交流，且用户黏性强，关联度高，通过推荐或平台种草，就能增强用户对账号博主、对产品的信任，易于商品成交。

基于小红书的平台特点，IP 打造者可通过种草笔记、种草视频的方式来推荐个人、品牌或产品，只要你有足够的价值和优势，就能在该平台吸引用户的关注，增强 IP 的影响力。

第五，今日头条：做覆盖，其特点如下：

（1）门槛低。在今日头条中每个人都可以拥有自己的媒体平台，通过该平台表达自己的观点，传递自己的思想，构建自己的社交网络。

（2）交互强。没有空间与事件限制，可随时随地发布自己的观点，并使之迅速传播，时效性极强。

（3）个性化。今日头条采取推荐算法机制，可将观点直接推荐到粉丝面前，且信息垂直性极强。

今日头条的特性让其吸引了大批量的用户，平台受众非常广，用户量极强，且今日头条的运营方字节跳动又推出了抖音、火山小视频、西瓜视频等 App，这些用户量极大的 App 都与今日头条相关联，因此个人 IP 可在该平台进行影响力覆盖。

第六，知乎：做解惑，其特点如下。

（1）领域垂直。更具备垂直性，也就是领域细分，在推荐算法下，大部分平台用户也只会收到自己关注的垂直领域的信息，因此其吸引的关注者也更具备精准性。

（2）内容高质。对内容质量有着严格要求，所以更适合高质量内容输出的IP打造者在这类平台上做宣传。

（3）粉丝忠诚。要想在知乎上获得关注，需要有高质量的输出，而高质量的输出必然迎来对内容有高质量要求的关注者，一旦这些关注者关注你，只要能持续保持高质量输出，他们就不会流失。

知乎属于问答型产品，因此其观点输出的方式多是"解惑"的方式，只要你能在自己的专业领域解答好该领域用户的疑惑，就能为自己塑造"专业能力强"的IP形象。

第七，百度：做舆论，其特点如下：

（1）全方位。百度是资历非常深的搜索引擎，是全球最大的中文搜索引擎，因此积累了极大的用户量，且其信息收录范围非常广，因此几乎80%的网民都可以通过关键词看到个人IP发布的信息。

（2）多载体。百度的信息可以通过文字、图片、FLASH、视频等方式进行发布。

（3）功能多。百度有多种多样的功能，比如百度问答、百度百科、百度文库、百度贴吧，个人IP打造者可以选择适合自己的方式进行观点传播。

百度是当下中文用户信息接收的第一选择阵营，且信息收录广泛，所以IP打造者可以通过百度对自己的IP形象进行有利的舆论造势。

第八，社群，做扩散。一般表现形式是微信群、QQ群、微博群，其特点如下：

（1）低成本低。社群一旦建立成功，就可以实现零成本营销。

（2）高精准。社群是基于圈子、人脉所产生，成员间目标相同、爱好一致。聚集的都是有共同需求的人。

（3）快传播。在社群里发布消息可以直接触达用户，并通过用户传播得到快速扩散。

（4）强信任。社群能够让一群有共同价值主张、相同趣味的人建立情感关系，所以彼此间信任度更强。

每个人的背后都有强大的关系链，而在社群里的成员多数属于强关系链的成员，即便不是强关系链也是彼此信任度极高的成员，因此如果成员可以通过自己的社交关系链来传播IP打造者的观点，那个人IP影响力的扩散程度绝不逊色与其他社交网络平台，甚至因为每个人的强社交关系链，得到的信任度更高，更有利于IP打造者与潜在客户日后关系的建立。

线下渠道：举办一场高效转化的沙龙

线下渠道的宣传形式其实有很多，比如商场里举办的各种各样的活动，但对于IP打造者而言，线下渠道宣传最好的方式是"沙龙"。比如美丽价值论创始人刘晨，为了更好地宣传自己的个人IP及产品，就会经常举办各种沙龙会议，通过沙龙宣传IP、加强客户黏性。

那么如何做好一场"沙龙"呢？其参考方式如下：

第一点，有合适的主题。好的主题才能引起客户参加沙龙的兴趣，而好的主题是建立在客户需求上，也就是说客户需要什么、想解决什么问题、想获得什么帮助，我们就制定什么样的主题。

第二点，做好宣传推广。要想沙龙能得到最大范围的覆盖，吸引最多人群的参与，就一定要做好宣传推广活动。除了在自己的各种媒体矩阵上做宣传，也要在商街市场甚至各大目标族群的聚集处进行宣传。

第三点，各种细节要到位。正所谓细节决定成败，沙龙的细节一定要把握好，比如举办的时间是不是更方便客户、举办沙龙的地点交通是否便利等。

第四点，做好内容价值。一场沙龙能不能帮助你打造IP，能不能沉淀下客户，最关键的一点就是沙龙输出的内容是否有价值，只有价值才能留人。

第6章
美丽价值体系是构建企业IP的顶层战略

个人的IP打造是从自身出发，那企业的IP打造又该如何入手呢？其实也需要一套"美丽价值体系"，由内而外的提升企业"美丽值"，让客户因为企业的"美丽"而成为忠实的粉丝。不过企业的美丽价值体系与个人的美丽价值体系不同，它有着"企业这一商业产物"的特色，主要包括客户需求、品牌理念、产品设计、人才资源、组织架构、品项价值、文化观点七大部分构成。

6.1 客户需求：根据4CS价值观找到目标受众需求

4CS是根据人性价值观来划分客户、洞察客户的一种方法，它是YR独有的洞察客户动机的理论工具。具体来说，就是不同的背景、年轻、经济收入、文化等因素下客户的心理共性研究。根据人的心理共性来找到客户的价值观，然后通过价值观识别不同的消费群，以及产品在他们眼中各自不同的意义。需要注意的是，不同个人IP或企业IP在使用4CS划分消费群并对其进行定义时，要结合实际情况，而不是照搬照用（在1.6小节，根据实际情况定义了消费划分）。

具体如何操作？我们接着往下看：

第一步：了解4CS的本质内涵

4CS是描述人类最基本的价值观和行为动机。它不是研究人类在做什么，而是研究人类为什么要这么做？具体问题如下：

目的：你需要什么？

动机：你为什么需要？

价值：你能从它那得到什么？

第二步：掌握 4CS 的理论支持

要想用 4CS 找到客户的真实需求，就一定要清楚它的理论支持是什么？如此，运用起来才能有理有据，其理论支持主要如下：

（1）需求理论层次中的自我实现价值观；

（2）社会角色论的个性体验价值观；

（3）品牌决策个性反射中的控制价值观；

（4）人的价值体系中的地位价值观；

（5）生活形态模式中的安全价值观；

（6）个人主观现实中的逃离价值观；

（7）创新模式中的生存价值观。

第三步：根据价值观划分消费群

从各个 4SC 理论支持中，找到各个对应的客户价值观，然后根据价值观对消费群体进行划分。

（1）拥有自我实现价值观的人如何才能践行他们的价值观？他们本身肯定是具有冒险精神的改革者，并且通过改革带来的新成就可以满足他们的自我实现需求。这类人比较注重个人内心的成长，比如时尚行业的改革者，他们对时尚的需求就是通过"创新"来自我表达，通过不断的"时尚改革"来反映和表达他们的性格和想法。

（2）如何才能获得个性体验呢？这就需要客户拥有勇于探索的精神，喜欢各种试验、探索，钟爱各种新奇及与众不同的事物，以此获得各种与众不同的个性体验。比如时尚行业的探索者非常喜欢去尝试各种新出现的东西，时尚行业只要满足他们的新鲜感及个性需求即可。

（3）有些人有非常明确的自我意识，我知道我是谁，我知道我想要什么，什么事情都要由我来控制和执行。他们在选择品牌时会选择最好的，其目的是通过该品牌达到彰显自己身份、地位、价值观的目的。对于这类人，时尚行业只要满足他们"彰显自我"的心理，让品牌的价值观和行业地位与之相符即可。

（4）希望自己对别人形成一定的影响力，获得社会的尊重，认为通过某种方式获得某个圈层的地位就能实现自己的愿望，拥有这类价值观的人就属于热望者。比如时尚行业的热望者们，他们喜欢购买昂贵的香水、乐于追赶新潮流或是设计师标签，以为可以因此提升自己的个人形象，从而去建立一种新的社会关系，最终达到进入某个新群体的目的。所以，面对这类客户，时尚行业只要重点宣传产品对他们提升个人形象的作用即可。

（5）不希望自己的生活存在不确定性，不希望自己因为与众不同而遭人非议，希望获得他人的认同而得到安全感，拥有这类价值观的人就属于大众者。对于这类客户，时尚行业只要保证自己的产品不过于标新立异，符合大众审美即可。

（6）对目前的生活状态不满意，希望能有所改变或逃离；或是外界环境发生极大的变化，他们的生活及思想却跟不上变化，但又想证明自己的生活及思想是符合当下社会环境的，拥有这类价值观的人就是挣扎者。这类客户在时尚行业即属于落伍者，只喜欢选择购买著名品牌的产品，无论其是否符合当下审美或潮流。时尚对于他们只是一种证明，证明他们存在，证明他们对社会仍有影响力。对于这类客户，时尚行业要注重自己行业影响力及形象的维持。

（7）没有任何需求，也不想做出任何反抗和改变，遵循传统进行生活，只希望能保证自己"当下安全"，不管是身体上，还是思想上，拥有这类价值观的人就属于顺从者。时尚对于这类客户就是保持他们年轻时的风格，他们拒绝改变。面对这类客户，时尚行业应该保持自己的"核心风格及价值观"不变，以此来让这类客户对企业产生安全感。

第四步：根据实际情况界定消费群体

消费群体的界定虽然可以以4CS的价值观为标准，但是每个人在不同阶段、不同场合、不同时间会扮演不同的角色、持有不同的目的、动机与价值，尽管每个人的消费群体身份会随着时间推移而产生变化。

比如在客户A在一年前希望自己打破原有的圈层，在社会上获得更高地位，并在这一年中付出各种行动来达成自己的目的，因此在行动的过程中就需要对自己的思想观念、生活状态、行为举止进行改革。一年后他通过执行各种"改革计划"不仅达成了自己的预期，更由此获得了更大的社会影响力，帮助更多人做出了改变，进一步满足了自我实现的需求。

在一年前，客户A就是单纯的热望者身份，而在这一年中他既是热望者也是改革者。实际上，每个人都拥有以上所述的价值观以及客户群体身份，就看在某个时期是哪种价值观充当主导地位，以及在该时期内存在的心理需求等这些因素。

第五步：不同企业 IP 发展时期的客户身份

不同企业 IP 发展时期，其目标受众的客户群体身份是不同的，因此企业要根据客户群体的需求来推出产品，打造产品品项。

（1）企业初创期的目标受众：改革者、探索者。这类客户群体接受新事物快，且勇于创新和探索，要抓住这类客户群体，其产品一定要具备创新性，能够给他们带来全新的个性体验。

（2）企业成长期的目标受众：成功者，热望者。这类客户希望通过企业的产品或服务达成自己的目的，或是成为有社会地位的成功者。因此，企业在打造产品时一定要具备实用性，且要明确清晰地告诉目标受众产品的价值——实现他们的期望，让他们成为成功者。

（3）企业成熟期的目标受众：大众者。此时的企业在市场上已经是成熟品牌，产品经过市场验证，知名度高、口碑好，不希望承担风险的客户群体更倾向于选择成熟品牌。此时企业要做的就是保证产品的质量问题稳定，满足大众的安全需求。

（4）企业衰退期的目标受众：顺从者，挣扎者。此时的企业已经发展没落，一些已经习惯使用企业产品的客户（顺从者）不想改变自己的习惯，依然会选择购买产品，而一些看到企业发展越来越差，已经无法给自己带来新鲜感的客户（挣扎者）则在努力地寻找替代品或是更高层次的产品，以挣脱被企业养成的用户习惯。此时的企业如果想要改变自己的现状，除了要保证产品质量维护好"顺从者"，更要创造出更好、还新的产品将"挣扎者"拉回来。

6.2 品牌理念：塑造企业品牌核心价值

品牌理念是指能够吸引客户，并建立品牌忠诚度，进而为客户创造品牌优势地位的观念。品牌理念是得到社会普遍认可、体现自身个性特征及企业经营意识、促使并保持企业正常运作及长期发展的价值体系。由此看来，品牌理念对企业而言是至关重要的，同时，它也是企业IP打造的关键点。一个没有品牌理念的企业IP是没有灵魂的，是经不起时间考验的，更无法获得客户的认同。

爱马仕是世界著名奢侈品品牌，由Thierry Hermès于1837年在法国巴黎创立。2021年8月20日，2021胡润世界500强发布，爱马仕以10,030亿元企业估值位列第78名。爱马仕可以说是企业IP中的经典IP，被誉为众奢侈品品牌之首。但为什么它能从这么多奢侈品品牌中脱颖而出，成为顶级的存在呢？原因很简单，就是因为它塑造了能让客户认可的品牌理念。

它的品牌理念是："用最好的材质与最精湛的传统手工艺，创造出与时间结盟的、具有卓越品质的完美产品。"这一点，爱马仕一直努力实践。爱马仕在全球拥有186家专卖店、56个零售专柜，为贯彻其品牌理念，所有产品的设计制作以及每家专卖店的格局设计都是经过法国原厂定制，才空运各地。如果客户要定制一个皮手袋，需要等上几年时间，每个皮包都有制造匠师的标记，无论维修与保养均由同一人负责。如此严谨的制作工艺，也是客户认可其品牌理念的原因之一。

爱马仕历经近两百年，一直将这种品牌理论践行到产品生产的各个环节，从而得到了一代又一代人的认可，成为奢侈品品牌中的经典IP。

品牌理念的导向、激励、稳定功能

都说确立品牌理念是打造企业不可缺少的关键环节，那它具体都有哪些作用呢？我们接着往下看：

作用一：导向功能。品牌理念是企业IP所提倡的价值目标与行为方式，它可以引导企业IP未来的发展方向。就像爱马仕"追求完美"，因此每个产品的生产，每个店铺的设计都体现了它"追求完美"的品牌理念。因此无论是追求完美方面，还是体现尊贵感与身份感方面，爱马仕都是"顶级"的。

作用二：激励功能。品牌理念是企业IP的价值追求，同时也是企业IP打造者追求的最高目标与原则。品牌理念与企业IP打造者价值追求上的认同，可以起到比物质激励更加长久且深刻的作用。爱马仕能经住时间的沉淀，就是因为其每一代创始人的价值追求与爱马仕的品牌理念是一致的。

作用三：稳定功能。强有力的品牌理念具有强大的稳定性，它能确保一个企业IP不会因为内外环境的变化而衰退，使一个企业IP实现"企业常青"。爱马仕成立于1837年,其企业历史近两百年,这两百年的时间内,不仅世界格局发生了变化,时尚界更是日新月异,但爱马仕仍能屹立不倒,就是因为它有着强大的品牌理念,并持续贯彻这个理念。

客户价值系统、品牌承诺、创始人IP构造品牌理念

通常情况下,品牌理念是由企业IP使命、经营思想、行为准则这三大内容构成,这是品牌理念的精髓。但品牌理念要获得生命,还需要赋予其血肉,也就是客户价值系统、品牌承诺、创始人IP。如何理解呢?我们接着往下看。

客户价值系统是指品牌理念要融入美丽价值观念,具体什么是美丽价值观我们在前文已经有详细的论述。那如何理解呢?就以爱马仕来说,客户为什么认可爱马仕的品牌理念呢?是因为其客户希望能通过"卓越且完美的产品"来提升自己的美丽值,让他人认为自己是一个有追求、有品位的人。为什么要选择爱马仕而不选择其他?是因为爱马仕确立的且一直践行的品牌理念能充分满足客户的需求。

品牌承诺是指对客户做出的行为承诺,只有融合了"承诺"并将承诺践行到底的品牌理念才具备持久的生命力。比如爱马仕承诺客户"用最好的材质与最精湛的传统手艺",而它在日常经营中也确实做到了这一点。

创始人IP指的是品牌理念的设计中融合了创始人的品牌价值观,爱马仕为什么会做出这样的品牌理念,其主要原因是其创始人Thierry Hermès是马具师。

他刚开始是为军队服务,对产品质量有着极高的要求,战争结束,马车成为法国上流阶级身份和财富的象征，对马具的质量要求越来极高。Thierry Hermès 在 Basse-du-Rempart 街上开设了第一间马具专营店。他的马具店比其他店的出货慢了许多，但仍受到众多客户的欢迎，因为他制作的每一件马具都经过精心设计、用心打造，每一个铆钉、每一处黏合、每一条缝隙都要做到完美无瑕。所以，爱马仕的品牌理念才会以"打造高品质完美产品"为核心。

6.3 产品设计：给客户一个清晰明确的购买理由

近年来，商业市场同质化现象越演越烈，"如有雷同，纯属巧合"的现象更是频繁上演。不少企业面对产品高度同质化现象，首选的解决方案就是打价格战，用低价来拉拢客户。但是无休止的价格战只能短期改变客户的选择，低价一旦被接受大部分客户又会回归到原处。而且价格战也不是一般的企业能够承担的，它只适合实力强大的企业。比如饿了么，美团外卖，它们之所以能打败其他外卖软件，在外卖领域双分天下，存在两大原因：一是因为有强大的资金支持；二是有强大的技术产品，让产品体验越来越好。

难道中小企业就无法突破产品同质化桎梏，给企业打造出一个好IP了吗？当然不是，其实要想产品能吸引客户，只要企业在设计产品时给客户一个清晰明确的购买理由。

相比于卡地亚、宝格丽、蒂芙尼这些珠宝品牌的名气，海瑞温斯顿这个珠宝品牌可能是最不被大众所熟知的，但它却是许多顶级珠宝收藏家、明星名人的心头好，2011年，该品牌更是再次当选美国评选的上流社会心中奢侈品珠宝品牌第一名。

在创始人海瑞温斯顿经营时期，世界上有三分之一的收藏家都委托海瑞、温斯顿公司打理珠宝事务，其饰品更是受到各国皇室成员的拥护，比如当今英国女王的伯父温莎公爵。此外还有许多明星将之作为红毯必备饰品，比如1944年的奥斯卡颁奖典礼上，最佳女主角配佩戴海瑞温斯顿的珠宝，使其成为第一个在奥斯卡颁奖典礼上为女明星提供珠宝的品牌。

为什么海瑞温斯顿能获得这么多顶尖客户的喜爱？因为它给了这些人一个不得不选择它的理由，它告诉客户："触手可及的奢侈是没有意义的，奢侈就是稀有且不可及的。"这个理由充分满足了这些客户寻求"稀有罕见事物"的心理，因为对于他们而言，其他的奢侈品就像日用品一样，随处可见，随时可拥有。

为了符合这个设计理由，海瑞温斯顿花费极大的成本，购买了震惊世界的三颗巨钻。第一颗是Jonker Diamond——，重达726克拉；第二颗是Vargas，重726克拉；第三颗是Sierra Leone，重达970克拉，也是历史上重量最大的原石。

这上面的每一颗钻石都让海瑞温斯顿积累了名望及可观的利润，最为重要的是他让客户认可了自己为产品设计的购买理由："稀有且不可及。"

从海瑞温蒂斯顿的案例中我们可以明确，要想避免同质化，甚至打败其他同质化产品，成为他们的"领先者"，靠的不是低价，更不是单纯的各种营销手段，而是一个能让客户购买产品的理由。

一般客户购买一个产品大致都是出于以下三个原因，只要选择其中之一作为产品购买理由即可。

购买理由一：解决客户痛点问题

就大众而言，客户为什么要购买你的产品？首先肯定是你的产品能解决客户的某个痛点。但是不少企业对客户痛点的理解有所偏差，或者说只看到了客户的表面痛点，而不是真正的痛点。

比如某家护肤品企业推出了一款美白产品，在他们看来现在的客户都在追求"一白遮三丑"，"美白"是当下护肤客户的痛点。该企业非常有信心，认为不管是价格还是效果都比市面上的其他品牌有优势，但结果却出乎意料，该款产品的销售表现并不好。

之所以会出现这种情况，是因为该企业没有找到目标客户真正的痛点。"美白"只是一种表面的痛点，客户真正的痛点是如何科学、安全、持久地美白。

购买理由二：满足客户的美丽价值观

客户在购买一件产品时，除了考虑实用性的问题，还会有其他方面的考虑，比如这个产品除了实用性，能否体现自己的品位？自己在朋友圈晒出这款产品后能否得到某种身份上的认可？其实这就是客户的潜性需求和隐性需求同时在作用。

比如客户在购买服饰时，会考虑这件衣服是否满足自己的穿衣需求，这就是"潜性需求"，因为购买服饰首先就要考虑"穿"的实用性，但是如果这件衣服只能满足客户穿衣服的需求，他们还可能选择其他品牌。那么，如何让客户非选我们的品牌不可呢？这就要考虑到这款服饰是否能满足客户的"隐性需求"。

购买理由三：给客户带来更多的价值

客户为什么要购买你的产品，而不选择其他企业的产品？难道是其他企业价格较高，质量不够好吗？这可能是一方面的原因。但是，如果其他企业提供了比你的企业价格更低、质量更好的产品，客户是不是就会放弃你而选择它？答案是显而易见的。那么，如何才能保证客户不受价格和质量影响，而持续购买企业产品呢？这就需要产品能给客户带来更多的价值。

为什么许多情侣或夫妻选择购买 Darry ring 的戒指，哪怕别的品牌的戒指更高档、价格更实惠、款式更好看。因为 Darry ring 能给客户带来的不仅只是一枚戒指，它还能给客户带来"忠贞情感的价值"。该品牌在诞生之日起定下男士一生只能定制一枚的规定。在定制戒指时需要男士通过身份证验证，并与女方签署一份 DR 真爱协议，协议上有双方真实的姓名信息，且终身不可更改。如此操作目的就是让男士向女士承诺一生只能爱一个人。这种忠贞爱情的承诺就是 Darry ring 带给客户的附加值，而这附加值也是客户选择该品牌的原因。

6.4 人才资源：团队越强企业IP越亮

"没有人才，一切归零，没有道德，人才归零"。这是董明珠对人才的看法。一家企业能否吸引人才、留下人才，是其能否发展成企业IP的关键点。所以为了留下人才，她向员工承诺"一人一套房"，承包了员工电话费、用5000万奖励研发团队……

不仅是董明珠，但凡是能打造出IP企业的企业管理者对于人才都非常看重，更懂得如何获取人才资源，将他们打造成一支无坚不摧的团队，为企业IP服务。

寻找打造超强团队的基因人才

IP可以是一个人，但要打造一个企业IP，不是一个人能做到的，个人IP做得再成功，也只能起到推动的作用。因此，企业需要打造一个高能力的团队，而这就需要找到符合高能力团队基因的各种人才，其一般包含以下几种：

（1）技术型人才。企业IP越是想要长久就越需要"技术"，只有拥有独家核心技术才能建立起护城河。所以，团队构成中必须包含技术人才。微信现在已经成为腾讯的核心业务之一，也是人们最重要的即时聊天工具。

（2）管理型人才。当企业有了独家核心技术之后，且在市场上初步站稳了脚跟，如果此时还想进一步发展，就需要做好企业管理，此时团队内必须有一名管理型人才。好的管理可以使企业运作效率得到极大提高，让企业有明确的发展方向，最终让企业成为能长久发展的IP。

腾讯五虎将的"陈一丹"就是属于管理型人才，他对腾讯后期的迅速发展起到了至关重要的作用。马化腾是这么评价陈一丹的："腾讯创业过程中缺少陈一丹不可能成功，他为公司的职能体系、价值观和文化建设和公益慈善事业的付出独一无二，可以说，陈一丹在腾讯完美地诠释了'首席行政官'的定义。"之后，虽然离职，马化腾仍聘请她担任腾讯的"荣誉终生顾问"。这一点足以证明陈一丹的管理技能给腾讯起了多大的作用。

（3）资源型人才。企业的IP不是一时半会就可以建立起来的，尤其是初创时，更需要借助各种资源稳定发展，而资源正是企业最缺乏的。所以，为了解决企业资源问题，最好能在团队内引进一名资源型人才。

资源型人才可以不是具体的某个人，也可以是一个企业。比如京东为了获得流量资源，用15%的股权换取了腾讯在各大平台上对京东的流量支持，比如微信的一个页面入口位置、QQ、腾讯视频、QQ音乐等各大平台的宣传推广。

（4）资金型人才。除了一些已经成为寡头的企业，大多数企业在发展过程中都是极度缺乏资金的,即使是像腾讯、华为、阿里巴巴这样已经成为 IP 的企业,在发展初期及发展中期都曾有缺乏资金的苦恼。所以,为了企业能成为 IP,在团队内引进一名资金型人才是必不可少的。

关于资金型的人才,可以是个人也可以是企业。比如徐小平、薛蛮子、王刚、蔡文胜、李开复……就属于个人型,真格资金、创新工场、金沙江创业投资基金、险峰长青、联想之星……就属于机构型。

说到引进资金型人才,现实中有无数案例,比如阿里巴巴曾引进孙正义的 2000 万美元作为发展资金;比如美团获得了腾讯的投资;比如聚美优品获得了徐小平的大力支持。

(5)运营型人才。不管是打造个人 IP、还是打造企业 IP,都缺少不了运营。所以,团队必须要引进专业的运营型人才,熟悉互联网、掌握各种营销知识,最重要的还是要"懂用户"。如今是"用户为王"的时代,有了用户就等于有了市场,有了用户自然就能吸引资源、资金人才的加入。

小米的联合创始人黎万强就是属于典型的运营型人才。小米最开始是以"粉丝"起步,小米的粉丝成为小米手机的第一批用户以及口碑传播者。小米庞大的粉丝量就是由黎万强运营起来的。

掌握人才的判断标准

21 世纪是知识经济时代,也是人才竞争最激烈的时代,所以各大公司在"抢人"各尽所能,比如 2017 年就发生了华为、百度、腾讯、等大企业超高薪抢应届生的事件。而对于要找什么样的人才,各大企业也有着自己的判断标准，除了要求能力之外，还要求以下几点。

第一，与企业价值观相同。正所谓"道不同不相为谋"，如果观念不同是很难在一起做事的，所以在引进人才时一定要明确对方是否认同企业的价值观。为什么阿里巴巴的蔡崇信愿意放弃美国的高薪，加入当时不名一文的阿里巴巴，就是因为他认可它的价值观。而蔡崇信对企业价值观的认可，也是马云能给其优待，且充分放权给他的原因。

第二，具备主动性。主动性是指会为了做好工作投入更多的经历，善于发现和创新的机会，同时能预见危机并主动采取行动。这种人才才是企业需要的人才，能干实事、能创新、有预见性且不怕担事。

第三，有领导力。一个企业要想成为IP，就需要高端人才，高端的人才往往需要自己领导团队，就必须具备领导力。一个有领导力的人肯定是有独特的个人魅力，有见识、有格局、有眼光、能放权、能干事。

第四，学习能力强。世界一直在发展，企业也一直在发展，企业引进的人才可能当时适合，放在未来就不适合了。所以为了避免过多的人员流动，在引进人才时必须判断其是否具备较强的学习能力，能跟上时代的发展，能不断地吸取对企业发展有用的知识。

第五，逆商高。企业的发展不可能是一帆风顺的，人在职场也不可能事事顺利，总有失败的时候，所以一定要具备高逆商能力，能从逆境中重新站在起来。逆商（AQ）指的是一个人在逆境中抵抗压力，及时调整自己，恢复原有平衡的能力。有些人可能智商高、情商高、能力强，但却经不起打击，一遇到困难就退缩。这种人不仅无法让自己获得更大的成功，在企业遇到困难时也可能会"不能共患难",所以"高逆商"也是企业挑选人才的重中之重。

6.5 组织架构:为企业减负,为IP增效

即使是一家再小的企业都有属于自己的组织架构,它是进行企业流程运转、部门设置以及职能规划最基本的结构依据,简而言之,它就是一种决策权的划分体系以及各部门的分工协作体系。没有组织结构的企业就像是一盘散沙,不合理的组织架构不仅阻碍企业的正常运转,还有可能导致企业经营失败。相反,合理的组织架构能通过协同效益,发挥出最大的企业能量,达到1+1>2的效果。

许多企业组织部门设置臃肿,导致内部信息传递效率低,导致企业决策出现错误;或是部门间责任划分不清,导致工作互相推诿、互相制作,企业内耗严重。要知道,但凡是能成为IP的企业都不会出现以上错误,它们都有一个合理的组织架构。

华为之所以能成为举世瞩目的IP企业,除了在技术研究方面的投入、对产品质量的把握、对企业文化的塑造、对企业管理的掌控,还有就是能根据企业的发展不断调整组织结构,让企业的运转不因组织架构臃肿、不合理而被严重桎梏。

华为的组织架构变革大致可以分为四个阶段：

阶段一：1987——1995年，直线职能型。华为刚成立时，只有6个人，还不算是企业，也无所谓组织架构，之后即使人数增加，组织结构也是采取直线性，所有员工都是直接向任正非报告工作。直到1994年，华为年销售额达到8亿元，员工人数达到600多人，才开始设置直线职能制组织结构。

直线职能制组织结构是指在组组内部，既设置纵向的直线指挥系统，又设置横向的职能管理系统，以直线指挥系统为主体的一种管理组织，优点是既保证了集中统一指挥，又能发挥各种专家业务管理的作用。

阶段二：1996年——2003年，二维矩阵型。1996年，华为开始进军国际市场，产品也开始多元化，员工人数更是急速增加。直线职能型组织架构已经不能满足企业当下的发展需求。于是华为从划小经营单位开始，建立事业部制与地区部相结合的二维矩阵式组织结构。《华为基本法》对其的定义是这样的：企业的基本组织结构将是一种二维结构，按战略性事业划分的事业部和按地区划分的地区公司。事业部在公司规定的经营范围内承担开发、生产、销售和用户服务的职责；地区公司在公司规定的区域市场内有效利用公司的资源开展经营。事业部和地区公司均为利润中心，承担实际利润责任。

阶段三：2004年——2012年，产品矩阵型。2003年，华为员工人数达到3万人，年销售额达到300亿，2012年员工人数达到13.8万人，年销售额超过了2000亿。二维矩阵型组织结构已经无法保证规模如此庞大的企业运转，于是进行改革，采取以产品为主导的矩阵型组织结构，把按职能划分的部门和按产品划分的部门结合起来组成一个矩阵，使同一个员工既同原职能部门保持组织与业务的联系，又可参加产品小组的工作。

阶段四：2013年——至今，动态矩阵型。2013年开始，华为已经是一家多元化企业，拥有运营商业务、企业业务、消费者业务三大业务体系，服务范围涉及全球，员工人数更是庞大，因此矩阵型的组织结构是不会变的，但为了应对更多的不确定事件，设计了动态的矩阵组织结构，随着战略变化而变化。如果企业遭遇外部挑战，则组织架构会进行收缩，如果外部环境好，则组织架构也会进行扩张。

每家企业都有自己特色的组织架构，华为的组织架构放到你的企业身上也不一定合适，所以还是要根据企业实际情况设计组织架构，但是如何把握这个尺度呢？在设计时围绕一个核心原则"为企业减负"即可，也就是设计的组织结构一定是能解决原有企业存在的问题，而不会给企业增加问题。

要想设计为企业减负的组织架构，在设计时就必须掌握以下五大原则。

原则一：分工适度

虽然企业都强调分工专业化，分工越细，工作效率提高的可能性就越大。但是在设计组织结构、实时分工时，一定要注意分工的适度性，过度的分工会使其失去原有效果，不但无法提高效率，还会大幅度降低效率。

原则二：集权分权

过度的集权与分权对企业来说都不合适，需要根据企业不同的发展时期所处的环境，采取不同的权利分配方式。比如在企业快速发展时期，需要对市场机会及时响应，那么就应该采取以"集权"为中心的组织架构；如果是其发展稳定，需要各部门配合，那么就应该采取以"分权"为中心的组织架构。

原则三：权责对等

每个组织架构里的岗位都拥有一定的权利，但是权利和责任是对等的。在设计权利时也要设计对等的责任，履行相应的义务。因为授权不授责可能滥用职权，光有责任没有权利又可能导致工作无法开展。

原则四：幅度控制

每个管理岗位要管理的幅度是有限度的，而不应该是无止境的。一般的直接管理，最好控制在五六个人以内。需要注意，越是基层，管理的幅度就要越大，比如一线销售店长可以管理店铺几十个员工；越是高层，管理的幅度就要越小，比如企业 CEO 只需要管理总经理、相关部门部长几人即可。

原则五：动态弹性

企业是不断发展的，所处的外界环境也在不断变化。在面对变化时，企业可以采取改革的方式进行组织结构变革，但是组织架构变革是一个大工程，且风险极大，不是一般的企业能够承担的，但又不能因此不改变。此时就需要企业设计一个动态弹性的组织架构，在不改变核心架构的情况下，随时根据问题进行相应的改变，比如华为的动态矩阵型组织架构。

6.6 品项价值：护城河越深企业IP越大

纵观现在的各大行业市场几乎都成了红海，竞争越发的激烈。行业只要有利润可得，就有前赴后继的企业涌入，但我们也可发现，在市场竞争中，失败者不少，但成功者亦不少，决定其成功的重要因素之一就是"成功的企业IP打造了让人不可逾越的护城河"。护城河，是企业长期的竞争优势，更是企业的安身立命之本。有了护城河的企业，不仅很难被竞争对手模仿或者超越，也可能获得长期稳定的经营利润，从而让企业IP获得永不停息的生命力。

企业IP的护城河其实就是品项价值，它是指企业是否具有高价值的产品。那么如何打造企业IP的品相价值呢？其主要包括四点：

品项价值一：独家的核心技术

如何让自己的产品有价值呢？市场上主流的方法是找市面上现有产品的不足，再提供一个更好的解决方案。这种方式不能说错，但只能赢得一时的优势，它无法构成企业IP长久发展的护城河。想要打造企业IP护城河，你的产品就必须比别人好出 10 倍以上，而这就需要具备独家核心技术。

3 年利润翻番近 80 倍，7 年估值超千亿，2017 年动力电池销量超越松下和比亚迪，成为其全球第一新能源电池企业，至今，该行业也无人可超越宁德时代。宁德时代制胜的关键点是什么？其实就是独家核心技术。

宁德时代在电芯、模组、电池包、BMS 等各细分领域均拥有多项核心技术，各项技术处于行业领先水平。比如 2019 年 9 月宁德时代在法兰克福车展中首次发布的 CTP 技术，相比于传统电池包，CTP 电池体积利用率提高 15% 到 20%、电池包零部件数量减少 40%，生产效率提升了 50%，极大降低了电池制造成本；又比如宁德时代超长寿命电池，其循环充电总续航可达 200 万公里、寿命达 16 年，但价格只比普通新能源电池高出 10%。

品项价值二：完善的项目结构

有人认为品项最大的价值就是拥有"爆品"，实现在某个市场的单刀切入，但这个做法比较适合初创企业，而不适合想打造企业 IP，以实现企业长远发展的企业。这一点我们去看一些成熟企业的发展轨迹即可证实。

就像是小米公司，最初就是从手机这个市场单刀切入，打造高性价比手机这个"爆品"，从而成为全球领先的手机品牌之一。但是现在小米旗下的产品已不只是手机，甚至可以说是涵盖了方方面面，而这些丰富的产品也让小米获得了能长远发展的企业 IP，更是从一家国内领先的手机品牌成为全球领先的互联网企业。

又比如国内百年品牌老凤祥，它最初是以黄金首饰为主要业务，后为了得到更好的发展，积极扩张产品品类和布局产业链。现如今，老凤祥拥有黄金、铂金、钻石、白银、白玉、翡翠、珍珠、有色宝石等八大类首饰产品较为完善的结构，同时也将珊瑚、珐琅、高端K金镜架、工艺美术旅游纪念品、金镶玉等新门类纳入产品链系列。可以说，老凤祥当下的产品品类已经涵盖了珠宝首饰类的方方面面，充分满足了客户的各种需求。

品项价值三：垄断的价格区间

如果你没有独家核心技术，也不具备完善项目结构的能力，那就可以从产品价格入手，来打造企业IP的品项价值。简而言之，就是在这个价位区间，同类产品无法超越你。

就比如中国辣酱第一品牌老干妈，它是辣酱界金光闪闪的IP，广受海内外客户的欢迎。

老干妈能做得这么成功，除了产品好，还有就是打造了一个无人可进入的价格空间。老干妈，主打产品是风味豆豉和鸡油辣椒，其起价是210克为8元左右价位，280克为9元价位，其他主要产品价格也基本在7~10元。

在产品质量和品牌力量的支持下，其他同类产品根本无法进入这个价格区间，比如李锦记的风味豆豉酱，小康牛肉酱，其定价要么过高，要么性价比过低，客户都不会选择。

竞争对手要想获得辣酱市场的一席之地，只能放弃质量做低价，但这不是长久之计，反而会伤害品牌形象；要么放弃低端做高端，但是辣酱属于调味品，高端产品的市场非常小。

所以，老干妈就凭借着这强势的价格区间稳坐行业第一。

6.7 文化观念：企业价值观源于创始人理念

为什么一些企业IP就像流星，生命虽绚烂却很短暂，一些企业IP却像常青树，几经风雨仍屹立不倒。究其原因，是因为后者有企业文化的支持。企业文化是一个企业的价值观、愿景、使命、目标、处事方式等组成的特有的文化现象。但凡是有一定资历的企业，都有着深厚的企业文化底蕴。

企业文化由何而来呢？其核心大部分都是源于该企业的创始人，他的价值观、人生观、愿景、企业管理理念决定了企业文化的基调。就比如华为的"企业文化"，正因为有着强大的企业文化，华为才能以一己之身顶美国一国之压，仍立于不败之地。

华为的企业文化可总结为以下六点：

第一，成就客户：为客户服务是华为存在的唯一理由，客户需求是华为发展的原动力。

第二，艰苦奋斗：华为没有任何稀缺的资源可依赖，唯有艰苦奋斗才能赢得客户的尊重和信赖。坚持奋斗者为本，使奋斗者获得合理的回报。

第三，自我批判：只有坚持自我批判，才能倾听、扬弃和持续超越，才能更容易尊重他人、与他人合作，实现客户、公司、团队和个人的共同发展。

第四，开放进取：积极进取，勇于开拓，坚持开放与创新。

第五，至诚守信：诚信是华为最重要的无形资产，华为坚持以诚信赢得客户。

第六，团队合作：胜则举杯相庆，败则拼死相救。

凭借着这六点，华为战胜了一次又一次的困难，获得了越来越多客户的支持，而它也成为中国企业最闪亮的一个企业IP。

华为的企业文化可以概括为"狼文化"，框架的提出也是源于任正非对"狼的崇尚"。在他看来，狼是企业学习的榜样，要像狼学习狼性。任正非说过："狼有最显著的三大特性，一是敏锐的嗅觉，二是不屈不挠、奋不顾身、永不疲倦的进攻精神，三是群体奋斗的意识。"

开放进取代表着学习和创新，而这就像是狼敏锐的嗅觉，知道哪里有猎物就往哪里跑；艰苦奋斗、自我批评就像是狼的进攻精神，不会因为一次失败而放弃，而是一次又一次地总结经验，直到获取成功；成就客户和团队合作就是狼有的"群体奋斗的意识"，在华为看来，客户就是自己的合作伙伴，成就客户就是实现团结共赢的重要手段。

企业文化来源于创始人的价值观,但并不是所有企业文化与创始人的核心理念都能融合成功,这还需要掌握一些方法。

提炼创始人核心理念

创始人的理念其实有很多,虽然每一个理念都有用,但我们不可能把每一个理念都用来作为企业文化的"核心点",所以要对创始人的理念进行提炼,找出最核心的部分,然后以此制定一个主题。

2001年,关明生进入阿里巴巴担任首席运营官。其入职的首要工作就是为阿里巴巴打造企业文化。当时他问马云阿里巴巴的企业文化是什么?可以总结出来的那种,马云回答没有。但是关明生通过深入的调查和研究,发现虽然阿里巴巴并没有明确的企业文化,但受马云喜欢金庸武侠文化的影响,"武侠文化"充斥阿里巴巴的上下。对此,关明生进行了大量调研之后,对阿里巴巴实行的"武侠文化"进行了提炼总结,共九条:创新、群策群力、简易、教学相长、激情、专注、质量、开放、服务与尊重。

马云对此非常满意,通过这9个要点,阿里巴巴的企业文化被彻底变成一种看得见、可执行的制度,并给其命名为"独孤九剑",并说:"中国企业都会面临一个从少林小子到太极宗师的过程,少林小子每个都会打几下,太极宗师章有法,有阴有阳。"

优化创始人的个人核心理念

企业做产品需要不断地优化,做系统也需要不断迭代,因为需要满足更高的需求，而且前一版或多或少都存在"BUG"，所以要通过迭代优化解决"BUG"，从而使产品更完善。把创始人的个人核心理念提炼成企业文化也是一样的道理，只有不断地打磨、优化，才能打造出更适合企业当下发展的、更具备实用性的企业文化。

2004年，阿里巴巴迎来一个新人"邓康明"，担任人力资源部副总裁。在他看来，马云的"独孤九剑"提炼的还不够。如果想要企业的每一个员工都贯彻执行企业文化，就必须使企业文化口口传播。马云采取了他的建议，经过高层讨论，马云最终拍板，将"独孤九剑"改成"六脉神剑"：客户第一、团队合作、拥抱变化、诚信、激情、敬业。同时在每一"脉"下衍生出具体的行动指南，总共为30个，最终成为阿里巴巴企业文化的全部内容。

把创始人个人核心理念变为可落地的企业文化

真正的企业文化是要落地的，也就是说企业的每个员工都要把企业倡导的理念转化为一个个具体的行为以及结果。比如可以通过策划丰富多彩的企业文化活动，潜移默化地影响员工思想观念；比如在企业开展的各类培训中，增加企业文化理念的培训内容；比如可以把企业文化和企业故事相结合，在各个故事中体现企业文化，让员工更容易接受；又比如通过一些仪式感的活动增加员工对企业的文化认知。

这一点，腾讯就做得非常好。腾讯设置了许多宣传平台，如刊物、内部论坛、视频、微信账号、视频、办公面对面等，这些平台会定期的对企业文化进行宣传。还会举办各种各样的企业文化活动,如腾讯文化日、年会、圣诞晚会;腾讯每年还会给员工发文化衫,并在11月11日这一天进行合影,其意义在于彰显腾讯上下不论心理还是外表的同心同衣,他们都拥有着相同的价值观。

第7章
如何打造深入人心的活动IP

如果能把企业精神、创始人理念和活动 IP 做一个高度统一，那么就能达到聚焦、击穿的效果，让客户真正对这家企业的文化产生高度的认可。但现实中很多机构都在办活动，效果却不佳，主要原因如下：

主题不鲜明，没有提炼专属于企业文化或创始人文化的关键词 IP，会议主题没有灵魂、没有系统性贯穿；

客单价上不去，这是因为缺乏顶层设计，品项系统缺乏文化、美学和核心技术的支撑；

同质化严重、竞争力不足，这是因为缺乏好内容的提炼，对产品爆点把控不足；

渠道端不认可，这是因为缺乏招商体系、成交体系或模式已经过时，自己无法给予创新；

员工不能复制，这是因为缺乏教育系统、缺乏绩效激励；

客户满意度不高，这是缺乏品项运营流程的打磨和迭代。

……

当然，活动效果不佳的原因还有很多，本章我们将一一阐述，并给出完整解决方案。

7.1 极致的活动体验从邀约开始

也许有不少IP打造者有这样的疑惑，为什么我的项目好、产品价值高、价格低，但客户的参与欲望却不强烈，对邀约的回应都是"不想听、没兴趣、没时间、忙、就想销售我"，难道是行业不好做了吗？当然不是，而是没有掌握到正确的活动邀约思路。

正确邀约思路一：不卖门票卖身份

A公司是一家为知识付费企业做战略咨询服务的公司。这家公司做得非常成功，不少企业都得到了其极大的帮助。2020年1月份，该公司策划了一场专业会展活动，参会费是1万元一张，限量100张，其服务内容只有参会门票、午餐和茶歇，不包晚餐。消息一经发布，100张门票就迅速预定完毕，还有不少人因为抢不到门票而懊恼。

与之形成鲜明对比的是B公司，与A公司是相同的性质，在业内也有着极高的口碑，它的资历甚至比A公司还深。为了与A公司打擂台，B公司在2020年1月份也举办了一场专业会展活动，参会费为5000元一张，门票不限量。在同等条件下，价格比起A公司便宜了一半，但是参加的客户却很少，只有二三十个人，这与B公司的预期计划相差甚远。

为什么参会费相差这么多，一个供不应求，一个只有"寥寥数人"？原因就是在于 A 公司邀约客户是在"卖身份"，而 B 公司却在"卖门票"。A 公司明确鲜明地告诉客户参加此次的活动不仅能解决企业当下的"发展困局"，更能让自己实现身份的跨越或升级，而身份的升级是有助于参会人的认知破圈。有升级身份的价值存在，"1 万元价格的门票"对他们来说是可以直接忽略的。而 B 公司在邀约时却是着重"优惠"，比起竞品公司便宜了"5000 元"参会费，却未考虑到如果客户没看到参加会议的价值，"5000 元"的参会费在他们看来也是天价。

所以，要想成功邀约到客户，在宣传活动时就要向客户们"卖身份"，而不是卖门票。

正确邀约思路二：不卖项目卖梦想

下个月，林女士要参加一个美学界的"环球女神大赛"，原先她对这样的活动并不感兴趣，而此次之所以决定参加是因为看到了该活动的宣传文案："像会长一样，做榜样的力量！"因为她原先是一名家庭主妇，没有自己的工作，整日只围着老公孩子打转，更是没有时间来打扮自己。因此，她不仅在外表上与美丽脱节，在思想上更是与社会脱节，人也变得越来越不自信。因此，她想要改变自己，但又没有什么渠道，一些能接触的渠道也不符合她改变自己的希望。而"环球女神大赛"的宣传文案则一语击中了她的内心，她就是想让自己能从内到外的改变，成为更加独立自主、更加自信的新时代女性，跟随会长一起走出国门，走向世界。

如果关注过一些各行各业的活动，我们不难发现不少企业在做活动宣传时，其宣传重点都放在了"本次活动是什么重点项目或是哪个方面的重点课程，这些项目能给客户带来利润，这些课程能让客户学到哪些知识"。这个宣传重点并没有错，只是引客效果很有限，因为客户能在其他地方找到价格更低、项目更好的活动参加。要想改变这个情况，就要把"卖项目改为卖梦想"，为客户输送价值观，让客户从思维上改变和提升自己，从而实现自己的梦想。比如，我们打造的活动 IP："超凡女性成就计划"的宣传重点就是"梦想"，让女性成就自我的梦想。

所以在邀约客户时要告诉客户："我们卖得不是产品，是心愿、是梦想，是让更多人拥有更多绽放的活法。"

正确邀约思路三：从企业被动式完成目标转变为让客户抢席位

KPI 考核是每个企业都在执行的管理机制，而这也体现在每一场活动中。因此不少 IP 打造者认为如果一场活动不能吸引一定数量的客户参加，那么不是这场活动策划有问题，就是 IP 的影响力有问题。于是，为了能完成 KPI，使用了各种各样的办法吸引客户参加，比如低价参会费、高价值礼品赠送等。在种种营销手段的操作下，活动的 KPI 完成了，但是转化效果却很低，大部分的客户就是来"蹭吃蹭喝"，小部分的客户还认为"你邀约我参加活动只是为了做业绩，是为了赚我的钱"。因此，活动不仅无法帮助企业赚到钱，为 IP 扩大影响力，反而"赔了夫人又折兵"。

要避免这种情况，在做客户邀约时就必须改变思路："从企业被动式完成目标转变为让客户抢席位"。参与活动的客户"贵精不贵多"，要把目标锁定在高价值客户上。那么，我们如何保证参与的客户都是高价值客户呢？这就要限定席位数量，同时限定参与的条件，只有达到一定条件的客户才能参加活动。提高了客户参与门槛，客户质量也就高了，其他客户为了能实现身份的跨越肯定会积极参加，再加上活动的高价值，自然会引发客户的"抢席位"热潮。

正确邀约思路四：不卖观看卖体验

参加过一些活动的读者们应该都有这样的体验：我们坐在台下或是走进会展间，看着一个个精彩纷呈的表演或是一个个优秀产品的展示，会感到越来越无聊，最后什么也不干就走了，并留下一句好无聊的评价。是表演不够好？还是产品不够优秀？当然不是，而是我们只用眼睛在看，无法参与到表演中，所以再精彩的表演对我们来说就是一场秀；无法亲自使用产品，更无法了解产品的好坏，没有体验感自然就激不起购买欲。

正确邀约思路五：不是塑造活动流程而是塑造可成长的未来

为什么一些企业的活动越来越难邀约到客户？其实这一点在企业给客户展示活动内容时就已经定性，因为企业的活动内容展示就是一个活动流程，告诉客户参与活动要做哪些不做哪些，哪个时间点参加，面对这种流程式的内容客户绝对无法产生参与欲望。要想激发客户的参与欲望，在打造活动内容时要把重心放在"塑造可成长的未来"，告诉客户该活动内容重点是"如何帮助客户获得可成长的未来计划方案，让自己的未来按照自己的预期走"。

正确邀约思路六：不是塑造单场活动而是塑造未来整个成就计划

纵观各大企业所做的活动，可以发现有许多表现优异的活动，一场活动发展成千上百的客户，成就上亿的销售额并不在少数。但是如果仔细观察就可以发现，这些活动都没有后续，只有这么一场。如果企业要想再发展客户，就得重新策划一个主题再举办一个新活动，这是活动市场的普遍现象。不过，这种单场会的模式有一个致命的缺点，就是每次都要重约客户，上场的客户很难延续到下一场。要想客户具备延续性，最好的方式是塑造未来整个成就计划，让客户跟着整个成长体系走，下一个活动是上一个活动的延续和升级，让客户持续地参加企业或IP打造者举办的活动。

正确邀约思路七：不卖噱头，而卖能给客户带来什么

大部分的活动都会以"明星或行业大咖"来吸引客户，这些人天生就具备IP的吸引力。但这只是对一般的客户而言，客户的圈层或社会地位越高，明星对他们的吸引力就越低。当然，明星自带的社会影响力可以为活动扩大知名度，所以邀请明星也是大多数活动重要的宣传手段。但是如何让高层次的客户对明星产生兴趣呢？这就需要改变明星对客户的作用——把明星表演转变为输出观点。也就是说，明星不是来表演和剪彩的，而是成为客户的老师，给客户做与活动主题相关的分享，参加活动的明星可以给客户带来什么价值。

7.2 活动IP越聚焦，客户越忠诚

客户成为IP的忠实粉丝依靠什么来证明，最直接的判断标准就是客户相信IP，并在所举办的活动中消费。但是，我们也不难发现，不少活动主题好、规模大、客户反馈效果佳，可是变现低。变现是举办活动的目的，也是证明IP打造效果的判断标准。那真的是IP打造出现了问题吗？其实并不是，而是IP打造者不够聚焦。IP打造者的展示越聚焦，客户的消费能力就越强。具体该如何理解，我们接着往下看。

我们在国内做女性终端营销活动策划属于头部品牌，策划的会议往往被客户评价非常高级，有文化、有内涵，客户玩得开心，业绩还很好。主要原因是每次策划的不仅仅是活动，而是针对企业文化、核心竞争力、创始人文化做非常细致的梳理，运用美丽价值论作为底层逻辑去提炼核心内容和关键词，比如虞美人的核心关键词是"艺术"，那么所有的文化、品项、会议、体验、全部围绕"艺术"展开。比如我们给广西一个品牌提炼的关键词是"钻石"，钻石不仅仅代表珍贵，更代表女性要经过雕琢才能绽放百变光彩，所以活动主题就叫"钻石之夜"等一切围绕尊崇、珠宝的词语。

正因为有了这样的灵魂，其他所有落地工作才更加有价值，所以我常说做策划要"有高度、能落地"。

聚焦的 IP 能形成客户认知：专家、传播者、承载者

客户参加完活动为什么不消费呢？本质原因是客户对你的认知出现了问题，只有在客户心中形成以下三种认知，客户才有可能在活动中产生消费行为。

客户认知塑造一：专家。如果我们要购买家电，肯定就会优先选择美的、格力、海尔等品牌的产品，而不会去选择一些小品牌。为什么要选择这些品牌？是因为在我们的认知中这些品牌做家电是专业的，是有品质保证的。同理而言，只有参加完活动后，客户认可你的专业，你在客户心中形成了"专家"的形象，才会在活动中购买你推荐的产品。

客户认知塑造二：传播者。除了专家之外，客户还会因为另外一种形象的认知而消费，就是"传播者"。比如说，你是某个美学、时尚理念的传播者，在活动中你可能无需向客户传递什么样的观点、方法、专业能力，只需要站在那，让客户直接看到你身体力行的美学或时尚观点的展示，他们就会因为喜欢或崇拜你而在你所举办的活动中消费。比如你喜欢某种潮牌的服装，认为这种潮牌的风格符合自己的时尚理念，在某个公开场合中你穿了这款潮牌的上衣，客户看到你的上身效果非常好，于是认可了你的美学理念，从而购买起了同款。

客户认知三：帮助者。如果你每一次在客户面前展示出来的形象都是复原的角色，对客户的态度太过谦卑或谄媚，让客户形成"你这么讨好我，只是为了让我消费，而我既然因为你的态度而消费，那我就是上帝"。

一旦让客户形成这种认知，你的活动举办得再好，客户也不会因为信任你、支持你而买单，他们会把自己当成"高高在上的馈赠者"，在这种情况下产生的消费也是极为不稳定的。所以，IP打造者如果不能在客户心中形成"专家、传播者"的认知，也要形成"帮助者"的认知，让客户认为你能用你的专业能力帮助他解决痛点，改变现在的困境。

聚焦的IP传递出客户想要的价值感与品质感

我们为什么要购买一个产品？或者说我们为什么要购买一个从未使用过的产品？是因为我们知道这个产品可以解决我们的痛点，或是给我们带来哪些价值。比如我们为什么要选择上于文红的美学课程，是因为我们知道她的课程可以提升自己，让自己变得更好。因为知道产品的价值、相信产品的品质，所以我们才会选择购买。换位思考，客户为什么参加完活动后不消费呢？就是因为客户没感受到活动的价值感和品质感。那么，如何塑造活动的价值感与品质感呢？

第一，展示活动价值。IP打造者一定要对活动有深入透彻的了解，充分把握活动的内容，然后向客户展示活动的亮点，只有让客户知道活动的优势之处，他才会在活动中买单。

第二，用讲故事的方式描述活动价值与品质。为什么你的活动亮点很多、价值性很高，也做了展示，但客户就是感受不到，更不想买单？本质原因是因为你描述的方式过于苍白和单一，没有任何人喜欢听干巴巴的讲述。最有效、最简单的方式就是讲故事，比如通过讲IP打造者的成长、蜕变故事来体现出活动的价值感与品质感。如此，客户即爱听，又能进一步加深IP打造者在客户心中的影响力。

一定要比客户专业

人都有"慕强"的本能，我们支持一个人、追随一个人的前提是对方比自己强。如果对方比自己弱，那么他所提供的方法、提出的理念我们是很难认同的，就像我们更愿意相信专家一样，因为专家在这个领域的能力比我们强，所以我们才相信。如果想让客户相信你，并支持你推荐的产品，那么你在该领域的专业能力一定要比客户强。

就比如于文红举办的活动，她的客户都拥有一定的社会地位以及极高的学识和经历，甚至许多都是顶级珠宝、顶级品牌的超级 VIP，参加的顶级活动更是不在少数。但为什么这些客户愿意相信于文红，并认可她的美学理念呢？就是因为在美学领域，于文红拥有比客户多的专业能力。

7.3 高质内容解决活动持续消费力问题

客户"一次性消费"是大部分活动都存在的问题，所以我们经常可以看到某个企业举办的活动，前一场破了行业记录，下一场却异常惨淡。企业家们也意识到了这个问题，也策划了不少方案想解决这个问题，但效果依然不佳。有些企业虽然找到了解决方案，但却不具备应对"黑天鹅"现象的能力，不仅无法让客户产生消费，甚至连单场活动也举办不起来。其实，这个问题解决的根本不在于方案好不好，而在于对活动的认知。

总结活动的发展进程大致可以划分为三个阶段：

第一阶段：娱乐阶段。这个阶段的活动大多数是邀请明星或名人大咖前来表演节目，或是唱歌，或是跳舞，炒热活动氛围。在早年娱乐资源匮乏时，客户们对明星表演的热情相对较高，所以效果也比较好。总而言之，这个阶段的活动就是"主办方来表演，客户去观看，然后客户高兴了就消费"。

第二阶段：文化阶段。是指活动不仅仅是活动本身，每一场活动的背后都是企业文化的呈现，其举办的目的是用企业文化来引领客户，用企业价值观感召客户，客户因为认同企业文化，因而产生了消费行为。这种形式适用于层次更高的客户，且活动重心偏向于客户的体验度，让顾客成为活动的主角，去体验活动"IP"的生活，最终希望自己能通过消费成为"IP"这样的人。

第三阶段：内容阶段。时代在快速发展，对企业而言有利好的一面，自然有不好的一面，"不确定事件"随时可能发生。就比如 2019 年冬突然出现的新冠病毒，对世界都产生了极大影响，许多企业因此而倒闭，大部分的活动都取消了。为此，许多企业把活动模式从线下转到了线上。但是线上活动和线下活动有着极大的差异，线下活动是以客户体验为核心，注重文化的传播，但线上活动隔着屏幕产生的虚无感，让客户更注重活动的内容本身。所以，如果企业想在不确定性事件频繁发生的大环境中保持客户持久的消费能力，就要改变活动的重心，从文化为重转变为内容为重。

此外，线上活动要以内容输出为重点，如果没有好的内容，短视频的素材从哪来？线上课程的内容从哪儿来？线上演说的核心观点从哪儿来？

如果没有好的内容，让 IP 得以进行持续性的影响，又如何去吸引高素养、高认知、高持续消费力的客户群呢？所以一定要注重内容对活动的作用。

呈现方式一：立足个人 IP

要做好内容活动，就要把重心放在个人或企业 IP 的核心观念输出上，这也是打造 IP 的目的所在。打造 IP 的目的就是为了做好内容活动服务，用 IP 的核心观念去影响客户。由此我们可以得知，要做好内容活动，首先就要把个人 IP 打造得足够硬，而只有以"美丽价值观"为核心打造的 IP 才足够"硬"。

呈现方式二：立足核心观点

个人 IP 的观点是内容活动的重中之重，是构成整个内容的核心，活动中所有的内容输出都是围绕个人 IP 的核心观点进行的。比如于文红在抖音输出各种关于如何让自己变得更美的内容，这些内容就是以她的美学核心观点为核心所设计。个人 IP 的核心观点构成我们在前文已有详细的叙述，指的是内在美丽印象，其主要包括观点、逻辑、能量、格局、气场。

呈现方式三：立足外在形象

你的观点如何能成立呢？如何证明是有效果的呢？这就需要一些事实依据。比如你的事业、你的资历经验、你为观点输出所做的行动。比如一个企业家 IP 输出如何管理好一家企业的观点，听众肯定就会信服，因为他对外呈现的形象就是成功企业家，对企业管理非常擅长，同时其所属的企业确实发展得很好。也就是说，外在形象是为了证明内容报告的真实、提高内容的说服力而存在。如果是从事美学行业的个人 IP，其外在形象更重要。比如一个做身材管理的个人IP在抖音上做内容输出，如果她本身是一个仪态差的人，那么她输出的内容还具备说服力吗？还能让客户为此而消费吗？答案毋庸置疑。个人IP外在形象具体的含义，我们在前文有过详细叙述，指的是外在美丽印象，其构成包含形象、审美、容貌、体态、习惯。

呈现方式四：立足内容本身

立足内容本身是指输出的内容需要具备四个特性：一是价值性，是指内容必须是客户能听懂的、能实际用到的有价值的知识；二是持续性，分为两个方面，一方面是指内容要足够丰富，能持续输出，一方面是指内容产生的价值是长久的；三是榜样性，是指输出的内容一定是正能量的，能对客户起到引领作用的；四是独特性，是指输出的内容一定是原创的、独创的，与他人有差异性的，且已经被打上自己的标签，是他人无法复制的。

呈现方式五：立足外力支持

什么是外在作用，是指内容活动最终能否产生持久性的消费力，不仅需要内在作用（以上四点就是内在作用），还需要外力的加持。其主要包括以下几个方面：

一是团队，个人的能力始终是有限的，优质的内容输出需要好的运营、好的策划、好的摄影师与剪辑师，甚至是助理和演员，因此在做内容活动之前，就一定要先构建好团队。

二是资金，世上没有免费的午餐，打造内容需要团队，而成立团队就要人力成本，内容要出圈，就需要营销，因此就需要营销成本，所以需要做好财务计划。

三是持之以恒，是指要坚持自己的内容核心主题，不要看其他内容有流量、有回报，就随意跟风，也不管它是否与自己的IP定位相关。

7.4 活动要满足客户多维度体验感

为什么有些客户参加过一次活动就不再参加了呢？

为什么有些客户参加了好几次场活动还是无法成为IP打造者的粉丝呢？

为什么参加活动的客户那么多但达成购买的却没有几个呢？

……

其实，原因就在于客户对活动的体验感不够好，不能让客户念念不忘，也不能让客户对IP产生兴趣从而关注，更无法让客户愿意花钱去购买活动所推广的产品。

无论你要打造什么样的IP，推广什么样的产品，要想让活动达成效果，就必须提供多维度体验感。比如我为《虞美人名媛会》所做的策划，就能给客户提供超级体验。

大致活动内容如下：

(1）入住湖南卫视芒果馆金鹰电影节同一会场；

(2）提前 60 天会议筹备；

(3）3 天 2 个会场，第一天 2000 平米，第二天 4000 平米；

(4）1200 人参会；

(5）600 多名演职人员；

(6）超 500 万元会议总投资；

(7）456 人会务组团队；

(8）60 人摄影团队；

(9）40 多页主持稿；

(10）25 名 4VS 助教团；

(11）5 位终极评审。

如此大规模的阵容，就是为了保证活动的每一个细节都能执行到位，让参与客户能有超级体验，不管是哪方面的体验需求，都能被满足到。

比如在活动中，我作为玺道品牌创始人与于文红会长一同担任评委导师嘉宾，通过专业的点评和建议，让客户获得有效信息，从而产生"这种活动来对了，对我的帮助不小"的体验。

比如把整个会议的场域和场地布置选在湖南卫视金鹰电影节同一会场，并在场内铺近百米宽的红地毯，选用上百个平方的直播大屏，拥有上百名专业的摄影师，客户的一举一动都像明星一样投放在大屏幕上，登上这个舞台走秀的人，这辈子都会觉得无限荣耀。让每一个平凡的女性，都体验了一把电影节走秀的万众瞩目的感觉。

维度一：满足客户的实用体验

我们做事情都有目的，客户在参与某个活动时也有目的、有需求。比如参加美丽价值论的活动需求，就是通过这个活动学习到相关知识，产生"不枉此行"的体验感。根据这一点，活动就必须有内容、有干货，而不是单纯地与客户交流，或是让客户开心玩乐。

维度二：满足客户的精神体验

许多时候，客户参加活动也不单单是冲着"测试产品实用性"而去，而是满足自己的某种精神追求。之所以会产生这种体验需求，是因为现代人消费状态的改变——从追求实用性到追求理念性。就像我们现在购买一些产品，即使明知道有更好的选择，但还是会购买自己喜欢的品牌产品，这就是消费需求的变化。所以，做活动设计时一定要先进行调查，看客户是想通过这场活动达成哪种精神追求的满足，然后再根据调查结果进行设计。

维度三：满足客户的趣味体验

在这个全民娱乐的年代，追求更多的乐趣已经成为人们生活不可或缺的部分。所以，如果活动设计没有趣味性，很难吸引客户前来参加。那么，如何增加趣味性呢？这就需要设计客户能参与的活动，比如舞台表演、秀场走秀、产品亲身体验等等。在活动中设计客户参与环境不仅能增加活动的趣味性，还能达到四种效果：一是让客户在参与中关注到设计在活动中的IP信息；二是增加企业或个人IP与客户的互动，拉近双方的情感距离；三是加深客户对活动的印象；四是让客户进一步认识到IP的可信任感，从而产生消费行为。

维度四：满足客户的新鲜体验

"喜新厌旧"是人性弱点，客户如果参加的活动过多，自然而然就会对活动失去兴趣，就像是参加美丽价值论的相关活动，如果活动的主题、内容、流程都差不多，客户参加一次两次就会产生厌倦感。要想吸引客户继续参加，那就必须让活动保持新鲜感，比如每次设计新的主题、加入新的内容、打造新的环节等等。

维度五：满足客户的社交体验

人类是群居性动物，没有人喜欢孤独，能参加IP活动的客户也绝对不是孤僻的人，他们或多或少都有社交的需求。有些人参加的目的是寻找志同道合的朋友，有些人是为了积累社会关系人脉。因此，在设计场景活动时，一定要有一个环节能满足客户的社交需求。比如"组团游戏""拼团抽奖""自我展示"等等。

7.5 打造最走心的活动，赢得最持久的消费

每一次场景活动策划时，你是否都会遇到这样的问题？

场景内容丰富，场场活动都有创新，但依然无法吸引客户主动参与；

丰富的礼品赠送，转化率却不见成效；

设置大量与 IP 有关的环节，依然无法吸引客户关注 IP；

……

其实原因就在于，你的场景活动"不走心"。

人既有理性的一面，也有感性的一面，在很多时候甚至是感性大于理性，比如说在物质大丰富的今天，客户选择产品，很多时候就是"感性大于理性"，因为我喜欢这个品牌，所以即使其他品牌质量更好、价格更便宜，但我还是不会选择它。

所以，要想解决上述问题，就一定要打造出最走心的场景活动。

给客户最想要的

什么是走心的场景活动呢？就是能给客户最想要的东西，现在是"用户为王"的时代，客户的想法胜过一切，所以，客户想要什么你就给什么，客户反感什么那就坚决不能让他出现在活动现场。自然，客户也会回馈你。

我们策划的会议不管是口碑、还是转化率都非常高，它能成功的关键就是给了客户最想要的东西。

走心的活动不是客户说什么就是什么

各行各业都在强调"客户为王""站在客户角度思考问题"，这个观点并没错，错的是许多企业没有把握好这个度，把"站在客户角度思考问题"变成"客户是上帝，客户说什么是什么"。这是尺度的偏差，轻则导致一个产品失败，重则影响企业生产。做活动也是一样，不能为了做让客户走心的活动，就完全听从客户的。

活动是一家企业文化的传达，客户想要通过你的活动成为IP，所以才会在你所举办的活动中进行学习。而客户并不太懂如何成为IP，如果听从客户的意见，最后只会办成四不像，企业不满意，客户也不满意。要做走心的活动就不能做对客户言听计从的乙方，而是在满足客户需求的基础上，结合主办方、市场的需求做活动。

让客户感到温暖

当代社会除了让人感受到科技的快速发展，还让人感受到了来自科技环境下的冷漠。现代企业和产品确实能给人提供极大的便捷，但却少了一种科技产品不发达时代的温暖，所以客户对这些企业和产品也没有什么感情，遇到更好的就直接换掉。一些IP在做场景活动时也是如此，只考虑到了能给客户带来什么价值，却忘了考虑客户的情感。场景活动做得再好，也无法真正打动客户。

情感，永远是人生最重要的主题。无论是哪种时代，客户都不会去使用那种冷冰冰、没有情感的产品。因此，在设计场景活动时一定要围绕"以爱喂养，以情灌溉"，让客户在活动中感受到满满的爱意，真挚的情感。

第一，不要把客户当客户，要当自己人。如果你只是把客户当做客户，那么你永远也无法对之付出"真情"，因为这种身份是牵着利益的，只有把客户当自己人才能设身处地为他们着想，也才能用真实的情感去面对他们。

第二，把各种情感融入场景活动环节中。人类的情感有很多种，最主要的就是亲情、友情、爱情，因此在设计场景时可以围绕这些情感来设计主题。比如在举办"美丽价值论"相关活动时，可以这么设计，在现场设计一个微电影，电影内容为有个女孩因为不够"美丽"而在事业和家庭中备受挫折，但是她的好朋友知道了"美丽价值论"的信息后，在自己实践有效后，全力支持好友去参加，最后好友得到了改变，事业与家庭也蒸蒸日上，两人的友情也越来越好。

第三，把握情感内容设置，引起人的共鸣。首先，选择的情感故事框架要具备基础性，比如"北漂"的故事，是许多人都经历过的，因此讲述北漂的故事就很容易引起共鸣；其次，要立足于感受，你与对某件事抱有相同感觉的人分享，就容易引起共鸣。

7.6 活动要与企业文化紧密联合

不少IP之所以打造的场景活动达不到预期效果，原因就是犯了"本末倒置"的毛病。我们打造场景的目的是什么？难道就是举办一场活动让客户开心开心，或是让客户购买自己的产品吗？当然不是，最主要也是最核心的为了把自己的IP植入到客户的心智中。只有做到了这个效果，举办场景活动才是有意义的，场景活动举办才算是成功的，否则产品卖得再多也是无效活动。

那么，如何才能达到把自己的 IP 植入到客户心智中的效果呢？这就需要 IP 打造者在设计场景时，把场景和 IP 文化紧紧联系到一起。

围绕企业文化主题打造场景环节

不管打造什么样的场景活动，企业文化主题都不能丢失，在设计场景时可以以企业文化中的核心主题去设计内容以及各个细节。

就像小米，它的企业文化核心点是"性价比"，因此它在打造各个场景时，就时刻围绕着这一点。比如 10 周年的有品米粉节活动，就设置了比以往力度大了几倍的优惠活动来回馈粉丝，感谢粉丝支持的同时，也体现了企业的"高性价比文化"。

把 IP 文化口号体现在场景活动

要想让客户接受 IP 文化，首先就要让他们知道自己的 IP 文化是什么，然后打造成口号，让他们便于记忆和传播。

比如"美丽价值论"的文化核心是"通过提升美丽值改变人生"，在做《虞美人国际高端名媛会》的场景活动时，就把这个文化凝练成了一句既体现文化特色，又便于让客户记忆和传播的口号——我渴望学习于会长，获得更不一样的人生。

在表演环节集中体现企业文化

如果场景活动设置有表演环节，那么就可以把企业文化融入表演环节中。比如要求表演主题是以"IP 文化为核心"，内容也要为"IP 文化"而服务。

为什么我们常在会员活动中设置走秀环节，这个环节的主题就是和"美丽价值论"的IP文化相关，通过T台走秀让参与嘉宾展示自身的美丽，也让活动的其他嘉宾看到"自己是如何通过美丽价值论的相关课程而变得更美丽"。

不少人认为这种"表演"只是一场秀，不过确实走秀也不是这场活动的亮点，但它体现出来的意义却不一般。

因为"T台走秀"不仅是一场"秀"，更是一种企业文化和精神的传递。

不仅是现场效果的呈现，更是企业对这场活动在前期做出的细节和努力。

不仅是让客户看到企业呈现在外的品质，更是让客户看到企业日常未呈现的品质以及品质塑造过程的呈现。

主讲人员对企业文化进行宣传

一般情况下，在活动进行过程中，IP打造者、邀请的讲师、专家或明星大咖都会上台分享自己的观点。此时，在与这些分享人员对接时，不仅要让对方分享与活动相关的观点，也要安排其对企业文化进行宣传，最好是分享的观点与企业文化价值观一致或相关。如此，客户听的过程中，也能加深对企业文化的认知。那么，如何保证分享人员的观点与企业文化方向一致呢？这就需要经过事前培训，对方一旦对企业文化有深入的了解和深度认可，他分享的观点自然也就离不开企业文化。

7.7 关键细节决定活动最终效果

一场活动涉及的工作和内容非常多，在这种烦琐的工作流程中，企业有时难免会顾此失彼。如果想让活动完美无瑕，那就需要投入极大的人力、物力、财力，在这种情况下难免有点本末倒置。企业举办活动既是为客户服务，也是为自己增加影响力。当回报远低于投入时，活动不但不能为企业的发展产生助力，还可能拖垮企业财务。我们既然做不到让活动完美无瑕，就要保证在大方面不出错的同时，注意到一些关键细节。其需要关注的细节如下：

细节一：活动整体邀约亮点解析

想要让客户兴起参与活动的兴趣，或是能够充分融入活动中，就要让客户对活动的内容有所了解。当然客户没有那么多的时间与精力去了解活动的整个内容，企业方只要在邀约时对其展示活动的亮点即可，要注意，这个亮点必须与活动主题相关，且能让客户感受到活动的价值。

细节二：针对客户类型设计员工邀约话术

员工沟通能力的强弱直接决定了客户是否有兴趣参加活动，有些员工口才不错，但邀约效果却不佳。其实是因为是邀约时没有针对性，不同的客户类型需要不同的邀约话术。客户大致可分为三种类型：一是老客户，他们已经参加过企业的活动，所以可能会对新活动缺乏新鲜感，参与感并不强，面对这类客户，邀约话术要偏向于"激活"，重点展示此次活动与以往的不同，活动相关品牌有什么新概念、新产品；二是新客户，他们没有参加过企业的 活动，可能存在防备心理，在邀约时要注重塑造活动的价值感以及活动相关品牌在市场上的口碑；三是大客户，这类客户的持续消费能力强，对于这类客户除了要表明活动的价值，还要展示活动对于个人提升、身份证明或破圈的作用。

细节三：安排陪同人员对客户跟进和服务

越优质的活动，客户的身份地位越高，这类客户虽然消费能力强，但对活动的体验感要求极高。因此，为了保证能让客户有好的体验感，一定要安排陪同人员对客户进行跟进与服务。员工在陪同的同时，也能向客户深入介绍活动内容，让客户进一步了解活动，最后引导客户进行消费。

细节四：现场视觉呈现

人都是视觉动物，而在这"颜值消费"的时代，客户对活动现场视觉的要求更是极高。所以，一定要注重现场视觉的呈现。好的视觉呈现应包含几点：一是与活动主题相关；二是不要过于繁杂；三是符合大部分客户的品位。

细节五：植入创始人IP

创始人打造IP的目的是为企业而服务，而客户参加企业活动的最大理由也是因为创始人。所以活动一定要植入创始人IP，如此，不仅邀约成本变得更低，邀约成功率变得更高，客户参与活动后的体验感也能更好。

细节六：后续跟进

许多企业认为活动结束后，和客户的关系也就结束了，这就是大部分企业只能打造"单场会"的原因。实际上，一场活动的结束是下一场活动的开始，在本场活动结束后如果做好了客户后续跟进工作，不仅能巩固和加深与客户的感情，还能让本场未消费的客户变成下一场能消费的客户。如果企业要打造的是成长体系的活动，更要做好活动的后续跟进工作。如此，才能保证客户能全程参与，并得到"学习成长、成就自我"的目的。

细节七：把握好活动节奏

你的活动内容好、客户参与意愿也强，但为什么最后客户的参与率却极低呢？根本的原因就是没有把握好活动节奏，其节奏点大致在以下几个环节：

（1）甲方、运营部、品牌部、第三方讲师团队、搭建活动公司、主持人做整体思路的贯穿和衔接；

（2）时间节点及工作进度的整体对接和安排；

（3）会议体验感、品质感、细节的构思及落地；

（4）核心理念、文字、课程输出内容确定；

（5）员工培训支持；

（6）现场彩排/执行/各环节现场对接。

细节八："对症下药"，完善活动 BUG

每次活动前，要对自己的活动情况做一下自测，找出问题所在，然后"对症下药"，完善活动 BUG。自测问题如下：

第一、顾客邀约期是否疲软？顾客是否麻木、借口多？觉得门票贵？没时间？

第二、实际参会人数是否与目标设定有 20% 以上落差？

第三、顾客的姓名是否都已经知道？

第四、门票拓进来的是否一半以上是占便宜顾客？

第五、能否预计顾客此次的消费金额？

第六、是否根据顾客的消费实力和成交意向做好座位前后的排序和服务等级的安排？

第七、是否根据顾客的消费情况做好提前排诊？

第八、是否根据整个成交闭环安排好流程细节和节点？

第九、会议现场实收款能否达到会议当天营业额的 40% 以上？

第十、现场氛围不理想的情况下，是否有能力在现场及时做流程的调整？

第十一、机构员工能否为现场全员造势？

第十二、是否提前培训过渠道商如何在现场培训和服务客户，渠道商现场是否尊重你的专家和设计师？是否懂得如何配合？

第十三、客户参会后，是玩得开心然后发朋友圈，还是感觉又被忽悠了？

第十四、是否会在会议现场做下一场会议的亮点发布？

第十五、会后一周内能否使上门量提升3倍以上？

附录：个人介绍

2006-2008 年，在大健康行业知名公司、世界 500 强、美国上市公司上海分公司负责市场运营；

2009 年 -2013 年初，在上海 VK 担任营销策划总监；

2013 年创立上海玺道商务咨询有限公司；

2014 年至今，专注医美行业爆品策划与打造，并服务上海亚太、浙江凯丽、西安瑞思、香港威莎、安徽天鹅湖等百家企业；

2015 年，率先创立"体验式营销"会议系统，引导行业良性业绩增长，增加客户体验值、通过高品质运营策划提升整个行业档次；

2016 年至今，成为虞美人国际集团首席咨询顾问导师，为其进行传奇品牌策划、员工及渠道商培训及数百场大型会议策划，为客单价提升、品质口碑满意度提升起到积极推动作用；

2017 年，专注链接品项运营 + 会销结合的双核系统，为行业带来创新式业绩增长，累积服务品牌已突破五百家；

2018 年，开始在全国推行年度规划大型赛事，打造众多活动 IP，包括第一夫人、环球女神大赛、康美人大赛等，负责全球发布会、渠道孵化启动、终端会整体策划，并担任总策划、主讲老师与评委导师，用户体验与满意度、创造的业绩轰动全国；

2019年，在湖南卫视金鹰国际电影节演播大厅为虞美人国际集团策划环球女神大赛年度总决赛，收获成功；

2020年，率先进入美业直播领域，用直播拉动客户教育与爆品引爆，并将"客户价值"作为企业增长战略，提出业绩增长三板斧，即爆品战略做流量、超级单品做增长、客户价值做利润；

2021年，将服务内容重新升级成美丽价值体系，并研发升级《传奇品牌》营销系统，打造《超凡女性成就计划》《东方幸福太太大赛》等活动IP，持续为行业可持续发展赋能！